Georg Angelos Ruf

Kirchenjahr in evangelischer Sicht

Georg Angelos Ruf

Kirchenjahr in evangelischer Sicht

Verschiedene Übersichten und Predigten

Fromm Verlag

Impressum / Imprint
Bibliografische Information der Deutschen Nationalbibliothek: Die Deutsche Nationalbibliothek verzeichnet diese Publikation in der Deutschen Nationalbibliografie; detaillierte bibliografische Daten sind im Internet über http://dnb.d-nb.de abrufbar.

Bibliographic information published by the Deutsche Nationalbibliothek: The Deutsche Nationalbibliothek lists this publication in the Deutsche Nationalbibliografie; detailed bibliographic data are available in the Internet at http://dnb.d-nb.de.

Coverbild / Cover image: www.ingimage.com

Verlag / Publisher:
Fromm Verlag
ist ein Imprint der / is a trademark of
OmniScriptum GmbH & Co. KG
Heinrich-Böcking-Str. 6-8, 66121 Saarbrücken, Deutschland / Germany
Email: info@frommverlag.de

Herstellung: siehe letzte Seite /
Printed at: see last page
ISBN: 978-3-8416-0346-3

Inhaltsverzeichnis

Allgemein zum Kirchenjahr

Das Kalenderjahr nimmt zwar die kirchlichen Feste mit auf, ist aber von dem abhängig, das wir Menschen tun: unsere Vorhaben, Planungen, Termine, Versorgung, Absicherung, Besitzstandwahrung, udgl.

Das Kirchenjahr hat seinen eigenen Rhythmus und ist von dem abhängig, das Gott getan hat, das er weiterhin zu tun vor hat und er auch unsere Zukunft prägen und gestalten will.

Es beinhaltet die jährlich wiederkehrende, festgelegte Abfolge kirchlicher Feste und Feierlichkeiten in dem von Christen geprägten Kulturkreis. Es beginnt mit dem 1. Advent und endet mit dem „Letzten Sonntag des Kirchenjahres", dem Ewigkeits- oder Totensonntag.

Es nimmt im Jahreszyklus das Leben Jesu von der Geburt bis zur Auferstehung gedanklich auf und teilt es in entsprechende Abschnitte. Die Zeitabschnitte schließen feststehende und bewegliche Festtage ein.

Mit Christus ist die Zeit des Heils angebrochen, die mit seiner Wiederkunft vollendet werden wird. Jeder „Sonn-Tag" erinnert an die Auferstehung Jesu von den Toten. Er ist das wahre Licht, die „Sonne", die nicht untergeht.

Den einzelnen Festen entsprechen bestimmte liturgische Farben: weiß, violett, grün, rot und schwarz. Jedem Sonntag sind ein Wochenspruch, ein entsprechendes Wochenlied, sechs Predigttexte (zur Abwechslung) und der Wochenpsalm zugeordnet.

So ist der Sinn des Kirchenjahres, die Fülle der großen Taten Gottes im Laufe eines Jahres zu entfalten und regelmäßig zu begehen. Es ist gut, wenn die damit verbundenen Inhalte und ihre Bedeutung in uns nicht verblassen. Das dient als Erinnerung, Mahnung und Hilfe für uns selber und auch dazu, dass wir es anderen Menschen, die dazu keine Beziehung mehr haben, wieder nahe bringen und lieb machen können.

Im Evangelischen Kirchengesangbuch ab der Seite 1588 findet man den Liturgischen Kalender, darin alle wesentlichen Feste mit Wochenspruch, Evangelium- und Epistellesung, Wochenlied, Wochenpsalm und der liturgischen Farbe aufgezeichnet sind.

Gliederung des Kirchenjahres:

Das Kirchenjahr enthält zwei große Festkreise, die in der evangelischen und katholischen Kirche weitgehend übereinstimmen. Das orthodoxe Kirchenjahr ist ähnlich aufgebaut, beginnt jedoch am 1. September.

Im Kirchenjahr gibt es wenige feststehende Tage: Weihnachten am 25. Dezember, Epiphanias am 6. Januar, Michaelis am 29. September, Reformation am 31. Oktober. Alle anderen Festtage sind beweglich.

- **Weihnachtsfestkreis!** Dieser wird von zwei feststehenden Terminen geprägt: Weihnachten am 25. Dezember und Epiphanias am 6. Januar.

- **Osterfestkreis!** Ostern ist das älteste und wichtigste kirchliche Jahresfest, das Fest der Auferstehung Christi. Im Jahre 325 n.Chr. legte der Bischof von Rom den Ostersonntag auf den ersten Sonntag nach dem ersten Frühjahrsvollmond fest. So kann Ostern zwischen dem 21. März und dem 24. April stattfinden.

- Während der langen Trinitatiszeit hat jeder Sonntag ein bestimmtes Thema, das man aus dem Wochenspruch und den Lesungen ersehen kann. Gemäß der Jahreszeit wird auch Erntedank gefeiert und der Toten des letzten Jahres gedacht.

- Darüber hinaus sind einzelne Kalendertage bestimmten Persönlichkeiten, Heiligen oder kirchengeschichtlichen Ereignissen gewidmet (Reformation, Kirchweihfeste), die sich zwischen den Konfessionen jedoch stark unterscheiden.

Die liturgischen Farben:

Die liturgischen Farben, die den Festen im Jahreskreis zugeordnet sind, bestimmen die Farbe der Paramente an Altar und Kanzel.

- **Weiß** bedeutet die *Freude* an Christus: Weihnachten, Epiphanias, Ostern, Himmelfahrt, Trinitatis, Michaelis, Ewigkeitssonntag
- **Violett** bedeutet *Vorbereitung und Buße*: Adventszeit, Passionszeit, Buß- und Bettag.
- **Rot** bedeutet *Heiliger Geist, Kirche*: Pfingsten, Kirchweihe, Reformation, Konfirmation.
- **Grün** bedeutet *Wachsen und Reifen*: Epiphaniaszeit, Vorfastenzeit, Trinitatiszeit, Erntedankfest.
- **Schwarz** bedeutet *Trauer*: Karfreitag, Beerdigungen.

Themen der einzelnen Sonntage

Weihnachtskreis:

1. Advent:	Der kommende Herr; Lebenserwartungen;
2. Advent:	Der kommende Erlöser; die Zukunft der Welt;
3. Advent:	Der Vorläufer des Herrn; den Weg bereiten;
4. Advent:	Die nahende Freude; Lebensfreude;
Weihnachten I:	Die Niedrigkeit des Kindes Jesu;
Weihnachten II:	Das Göttliche im Kinde Jesu;
1.S.n.d.Christfest:	Die Tür zum Paradies;
Altjahrsabend:	Rückschau unter der Vergebung;
Neujahrstag:	Vorschau mit Hoffnung;
2.S.n.d.Christfest:	In Gottes Hut;
Epiphanias:	Die Einladung an Alle;
1.S.n.Epiphanias:	Gottes Sohn; der vernünftige Gottesdienst;
2.S.n.Epiphanias:	Der Freudenmeister; Lebensraum;
3.S.n.Epiphanias:	Der Heiden Heiland; Aufhebung der Grenzen;
4.S.n.Epiphanias:	Der Herr der Naturmächte; Lebenserfahrung;
5.S.n.Epiphanias:	Der Herr der Geschichte; das Wunder des Lebens;
Le.S.n.Epiphanias:	Verklärung des Herrn; Lebensbilder;

Vorfastenzeit:

Septuagesimä:	Lohn der Gnade; Lebensmaß;
Sexagesimä:	Viererlei Ackerfeld; Lebensweisheit;
Estomihi:	Hinauf nach Jerusalem; Lebensschicksal;

Fastenzeit:

Invokavit:	**Versuchung; Lebensüberwindung;**
Reminiszere:	**Der Knecht Gottes; Lebensaufgabe;**
Okuli:	**Das Lamm Gottes; Lebenshingabe;**
Lätare:	**Das Brot des Lebens; Trost im Leben;**
Judika:	**Der Hohepriester; Lebensprüfung;**
Palmsonntag:	**Der Schmerzensmann; Lebensleid;**

Osterkreis:

Ostern I + II:	**Auferstehung; Sonne des Lebens;**
Quasimodogeniti:	**In weißen Kleidern; Lebenshoffnung;**
Mis. Domini:	**Der Gute Hirte; Erfülltes Leben;**
Jubilate:	**Die neue Schöpfung; Lebenszukunft;**
Kantate:	**Die singende Gemeinde; neues Lebenslied;**
Rogate:	**Die betende Kirche; Lebenswünsche;**
Himmelfahrt:	**Jesu Abschied;**
Exaudi:	**Die wartende Gemeinde; Lebensbund;**
Pfingsten I + II:	**Ausgießung des Geistes; Lebensimpulse;**

Trinitatiszeit:

Trinitatis:	**Dreifaltigkeit; Lebensfülle;**
1.S.n.Trinitatis:	**Apostel und Propheten; Lebensbuch;**
2.S.n.Trinitatis:	**Die Einladung; Lebensschritte;**
3.S.n.Trinitatis:	**Versöhnung; Lebensrettung;**

4.S.n.Trinitatis:	**Gemeinde der Sünder; Lebensgemeinschaft;**
5.S.n.Trinitatis:	**Unsere Nachfolge; Lebensziel;**
6.S.n.Trinitatis:	**Taufgedächtnis; Lebensruf;**
7.S.n.Trinitatis:	**Heiligung des Leibes; Lebensdienst;**
8.S.n.Trinitatis:	**Früchte des Geistes; Lebensweg;**
9.S.n.Trinitatis:	**Der kluge Haushalter; Lebenschancen;**
10.S.n.Trinitatis:	**Israelsonntag; Ehrfurcht vor dem Leben;**
11.S.n.Trinitatis:	**Pharisäer und Zöllner; Lebenseinfalt;**
12.S.n.Trinitatis:	**Krankenheilung; Lebenshoffnung;**
13.S.n.Trinitatis:	**Der barmherzige Samariter; Lebensalltag;**
14.S.n.Trinitatis:	**Der dankbare Samariter; Lebensdank;**
15.S.n.Trinitatis:	**Irdische Güter; Lebensvertrauen;**
16.S.n.Trinitatis:	**Der starke Trost; Lebensmacht;**
17.S.n.Trinitatis:	**Freiheit des Christenmenschen; Ja zum Leben;**
18.S.n.Trinitatis:	**Das vornehmste Gebot; Anweisung zum Leben;**
19.S.n.Trinitatis:	**Heilung von Leib und Seele; Lebenshilfe;**
20.S.n.Trinitatis:	**Die Ordnungen Gottes; Lebensverheißung;**
21.S.n.Trinitatis:	**Die geistliche Waffenrüstung; Lebensregeln;**
22.S.n.Trinitatis:	**In Gottes Schuld; das neue Leben;**
23.S.n.Trinitatis:	**Die Kirche in der Welt; Chancen zum Überleben;**
24.S.n.Trinitatis:	**Der Überwinder des Todes; Ewiges Leben;**

Ende des Kirchenjahres:

3.l.S.d.Kirchenjahres:	**Die Zeichen des Endes; Altes Leben endet;**
2.l.S.d.Kirchenjahres:	**Weltgericht; Erlöstes Leben;**
Buß- und Bettag:	**Besinnung;**
Ewigkeitssonntag:	**Kluge und törichte Jungfrauen; Leben beginnt neu;**

Näheres zu den einzelnen Festen:

Advent: Advent heißt Ankunft und auch Zukunft. Im Altertum bezeichnete dieser Ausdruck den Besuch eines neuen Herrschers in seiner Stadt. Für Christen sind es die vier Wochen am Anfang des Kirchenjahres, die auf das Weihnachtsfest vorbereiten. Jeder Sonntag hat sein Thema. Der Erinnerung an Jesu Einzug in Jerusalem (1. Advent) folgt der Ausblick auf seine Wiederkunft am Ende der Zeiten (2. Advent). Zwei biblische Gestalten stehen als Vorbilder vor uns: der herbe Bußprediger Johannes der Täufer (3. Advent) sowie Maria, die Mutter Jesu (4. Advent). Die Geschäftigkeit vieler Festvorbereitungen hindern oft die doch so nötige Einkehr und Besinnung in diesen Tagen. Wie steht es mit unseren Erwartungen für das eigene Leben, für Familie und Freundschaft, für unser Miteinander? So ist die Adventszeit in vielfältiger Weise eine Zeit der Erinnerung und der Erwartung, der Bereitung und der Buße.

Weihnachten: Es umfasste ursprünglich die zwölf „geweihten" Nächte. Sie beginnen mit der Nacht zum 25. Dezember, in der Jesu Geburt gefeiert wird, und dauern bis zum 6. Januar, Epiphanias (Erscheinung) genannt. Weil man keinen genauen Geburtsdatum Jesu kennt, hat der Termin des Christfestes symbolische Bedeutung. In der dunkelsten Zeit des Jahres (Wintersonnenwende) bekennen Christen mit diesem Fest: in Jesus ist das Licht der Welt erschienen. Gott ist mit diesem Kind in der Krippe auf unsere Welt gekommen. Weil er das größte Geschenk Gottes an uns ist, wurde daraus ein großes Familienfest des Schenkens. Es verweist auf die große Zuwendung Gottes, Johannes 3,16: „Also hat Gott die Welt geliebt, dass er seinen eingeborenen Sohn gab, ...!" Von dieser Liebe soll auch unser menschliches Miteinander bestimmt sein.

Gott wurde Mensch, damit Menschen Kinder Gottes werden. Auf diese Formel hat die christliche Theologie das weihnachtliche Festgeheimnis gebracht. Man spricht von dem „wunderbaren Tausch“, der sich dabei vollzieht.

Epiphanias: In den Kirchen des Ostens wird an diesem Tag Weihnachten gefeiert. Bei uns verweist dieses Fest auf die herrliche, lichtvolle Seite des Kommens Jesu hin. Die drei Weisen (Sternforscher) aus dem Morgenland kommen, weil sie in diesem Kind den neuen König sehen, der eine neue Königsherrschaft aufrichtet. Sie huldigen ihm mit königlichen Geschenken. In der Epiphaniaszeit wird die Machtfülle des Gottessohnes in den Mittelpunkt gestellt. Somit bringt Jesus: Licht, Klarheit und Freude auch in das Leben des einzelnen Glaubenden. Am letzten Sonntag nach Epiphanias steht deshalb die Verklärung Jesu vor uns.

Vorfastenzeit: Nur die evangelische Kirche feiert diese Zeit, die der Passionszeit vorgestellt ist. Hier wird sehr deutlich die „Nachfolge“ betont, mit der sehr viele Erlebnisse verbunden sind. Gott öffnet uns die Augen, Ohren und das Herz für seine Werte, die uns als Christen sehr viel bedeuten.

Passionszeit: Ein unübersehbares Kennzeichen des Weges Jesu ist seine Bereitschaft, Leiden auf sich zu nehmen. Er nimmt unsere Schuld und unser Versagen, unsere Begrenztheit, Vergänglichkeit und unseren Tod auf sich. Und das geht bis zum schmachvollen und quälenden Sterben am Kreuz. Dass dies in Einklang mit dem Willen Gottes geschieht, ist für viele Religionen, Weltanschauungen und Philosophien nicht nur unverständlich, sondern anstößig. Aber wir Christen erkennen gerade darin die Zuwendung Gottes zu uns Menschen, seine Versöhnung und die Überwindung von Sünde und Tod.
In diesen 40 Tagen ab Aschermittwoch begleiten wir Christen in liturgischer Art den Weg Jesu nach Jerusalem. Wir bedenken, was das für unsere Hingabe und

Nachfolge bedeutet. Es ist für uns eine Zeit des Fastens, des Verzichtes, der Selbstprüfung, der Läuterung und der Umkehr.

Ostern: Die Feier der Auferstehung Christi ist die innere Mitte des Kirchenjahres und das Zentrum unseres christlichen Glaubens. Es gibt den alten Osterruf, bei dem der Liturg ausruft: „Halleluja! Der Herr ist auferstanden! Halleluja!" Die Gemeinde antwortet darauf: „Halleluja! Er ist wahrhaftig auferstanden! Halleluja!" In den Ostkirchen wird sogar ein Ostergelächter angestimmt, mit dem der Tod ausgelacht wird.

Die Dauer des Festes geht über Himmelfahrt (40 Tage Nach Ostern) bis Pfingsten (50 Tage nach Ostern). Mit der Auferweckung des Gekreuzigten feiern wir die Überwindung des Sündenfalles, die Erneuerung der Schöpfung und die Befreiung von Sünde, Tod und Teufel. Mit der Auferstehung Jesu ist uns ein neues Leben eröffnet. Das gibt uns Grund zur Freude (Jubilate), zum Singen (Kantate) und zum Beten (Rogate). Mit der Himmelfahrt Christi wird deutlich, dass seine Gegenwart nun nicht mehr der Beschränkung nach Raum und Zeit unterworfen ist, sondern dass er „alle Tage bis an der Welt Ende" bei uns ist.

Dieses Fest wurde uns Christen so wichtig, sodass wir statt dem Samstag den Sonntag als Feiertag begehen und dabei an jedem Sonntag ein kleines Osterfest begehen.

Pfingsten: Es ist der Abschluss der Osterzeit, aber auch ein eigenständiges Fest. Es erinnert an die Sendung des Heiligen Geistes auf die erste Gemeinde in Jerusalem. Es ist der Geburtstag der Kirche, der Gemeinde Jesu Christi auf dieser Erde. Während im Alten Testament nur die Propheten und besonders Erleuchtete den Geist Gottes bekamen, so stehen alle praktizierenden Christen seit Pfingsten unter der Führung des Heiligen Geistes. Seitdem gibt es das allgemeine Priestertum aller Gläubigen (1. Petrus 2,9). Damit daraus kein Wildwuchs entsteht, gilt es zu bedenken, dass nicht wir den Heiligen Geist haben, sondern dass der Heilige Geist uns hat.

Trinitatis (Fest der Dreieinigkeit, Dreifaltigkeit Gottes): Gott kennen wir als Vater, Sohn und Heiliger Geist. Es sind keine drei Götter, sondern jeder ist ein Drittel des Ganzen. Dieses Fest mit der Nachfolgezeit ist keinem konkreten, heilsgeschichtlichen Ereignis zugeordnet, sondern es beinhaltet bestimmte Themen unseres christlichen Glaubens.
Mit diesem Fest beginnt eine längere Zeit mit den „Sonntagen nach Trinitatis". Dabei wird das entfaltet, was es heißt, als Gemeinde Jesu in unserer Zeit bis zur Vollendung auf dem Weg zu sein. Wir dürfen aus dem Glauben unser Leben gestalten. Das geschieht in der Verantwortung vor dem Schöpfer, in der Nachfolge Jesu und im Vertrauen auf das Wirken des Heiligen Geistes. Dazu hat jeder einzelne Sonntag ein Thema, wie wir uns als Christen verstehen und verhalten.

Kirchenjahrende: Die drei letzten Sonntag des Kirchenjahres haben vor allem die Vollendung der Neuschöpfung Gottes im Blickfeld. Hoffnungsvoll schauen wir auf eine von Gott geschenkte Vollendung, wo „weder Tod noch Leid noch Geschrei noch Schmerz mehr sein wird!" (Offenbarung 21). Die Hoffnung des ewigen Lebens eröffnet uns einen Horizont, den die Ungläubigen nicht kennen. So haben wir trotz Angesicht dunkler Zeiten Zuversicht und Ermutigung. So singen wir, EG 147,3: „Gloria sei dir gesungen mit Menschen- und mit Engelzungen, mit Harfen und mit Zimbeln schön. Von zwölf Perlen sind die Tore an deiner Stadt; wir stehn im Chore der Engel hoch um deinen Thron. Kein Aug hat je gespürt, kein Ohr hat mehr gehört solche Freude. Des jauchzen wir und singen dir das Halleluja für und für."

Matthäus 21.1-9

Jesu Einzug in Jerusalem

„ Als sie nun in die Nähe von Jerusalem kamen, nach Betfage an den Ölberg, sandte Jesus zwei Jünger voraus und sprach zu ihnen: Geht hin in das Dorf, das vor euch liegt, und gleich werdet ihr eine Eselin angebunden finden und ein Füllen bei ihr; bindet sie los und führt sie zu mir! Und wenn euch jemand etwas sagen wird, so sprecht: Der Herr bedarf ihrer. Sogleich wird er sie euch überlassen. Das geschah aber, damit erfüllt würde, was gesagt ist durch den Propheten, der da spricht: »Sagt der Tochter Zion: Siehe, dein König kommt zu dir sanftmütig und reitet auf einem Esel und auf einem Füllen, dem Jungen eines Lasttiers.« Die Jünger gingen hin und taten, wie ihnen Jesus befohlen hatte, und brachten die Eselin und das Füllen und legten ihre Kleider darauf, und er setzte sich darauf. Aber eine sehr große Menge breitete ihre Kleider auf den Weg; andere hieben Zweige von den Bäumen und streuten sie auf den Weg. Die Menge aber, die ihm voranging und nachfolgte, schrie: Hosianna dem Sohn Davids! Gelobt sei, der da kommt in dem Namen des Herrn! Hosianna in der Höhe! “

Das ist einer der bekanntesten Berichte, der in allen vier Evangelien steht und zwei Mal im Jahr als Evangelium dran ist: am 1. Advent und am Palmsonntag. Mit diesem Einzug betritt Jesus den geheiligten Bezirk Jerusalem, den er erst wieder verlässt, als er auf Golgatha gekreuzigt worden ist. So betritt Jesus mit Advent und Weihnachten diese Welt, die er erst wieder beim Kreuzestod verlässt.

Advent heißt Ankunft. Es gibt ein dreifaches Advent: der **erste** Advent geschah damals, als Jesus als Mensch zu uns kam. Der **zweite** Advent geschieht zu allen Zeiten, auch heute, da Jesus zu uns persönlich kommt. Und der **dritte** Advent geschieht am Jüngsten Tag, wenn Jesus endgültig kommt und das gerechte Gericht spricht.

So macht sich Jesus Christus auch heute die Mühe, zu uns zu kommen, in unsere heutige Zeit, in unsere aktuelle Lage, in die momentane Situation eines jeden Einzelnen unter uns. Mit Jesus ist die große Bewegung Gottes zu uns unterwegs. Wir sind ihm nicht fremd. Er weiß um uns. Er kennt uns. Er nimmt sich unser an. Und das lässt sich Jesus etwas kosten. Wir sind ihm sehr kostbar. Auch darf uns dabei bewusst sein, dass mit ihm ein Größerer kommt als alle Herren und Gewaltigen dieser Welt zusammen genommen.

Diese große Bedeutung von Advent, dass wir uns auf dieses Kommen einstellen und darauf vorbereiten, darf uns ganz bewusst sein. Wenn es in dieser Adventszeit viel zu tun gibt, nehmen wir uns auch dazu Zeit. Vier Wochen Advent, das ist ein zwölftel des Jahres. Das ist eine lange Zeit, die wir in der Vorfreude auf Weihnachten nützen dürfen.

Diese Bewegung Gottes zu uns, ist für uns lohnender als alle anderen Bewegungen dieser Zeit. Wenn sich schon Jesus Christus, Gottes Sohn, die Mühe gemacht hat, zu uns Menschen zu kommen. So dürfen auch wir uns die Mühe machen, ihn in rechter Weise zu empfangen und aufzunehmen. Es lohnt sich. Es kommt dabei etwas heraus. Es springt etwas heraus für unser jetziges und zukünftiges Leben. Keine Minute, die wir dafür verwenden, ist umsonst. Sie ist sinnvoll genützt.

Drei Anliegen: 1) Mit Jesu Kommen erfüllen sich die Verheißungen der Schrift. 2) In der Nähe zu Jesu erfahren wir das Wesentliche. 3) Das eigentliche Anliegen Jesu: Er selbst will ganz persönlich in uns einkehren.

1) Mit Jesu Kommen erfüllen sich die Verheißungen der Schrift. So ist es für uns Christen wichtig, dass wir uns in der Bibel auskennen, dass wir uns die Anliegen der Heiligen Schrift aneignen. Die Inhalte der Verheißungen sind auch die einzigen sinnvollen Botschaften unserer Kirchen. Nur damit hat unsere Kirche eine echte Botschaft und Zukunftsaussicht.

Die Jünger Jesu hatten damals bei ihrer Wanderschaft mit Jesus die Erfüllung der Verheißungen in atemberaubender Weise erlebt. So lohnt es sich auch für uns, die Verheißungen der Schrift nach ihrem Inhalt, nach dem Leben abzuklopfen. Dann erleben auch wir in atemberaubender Weise die Erfüllungen des von Gott Versprochenen. Dann erleben wir die von Gott geführten Wege des wahren Lebens, die sich zu leben lohnen.

Gerade zu Advent dürfen wir die Weltgeschichte einmal in der Weise sehen, dass sie die Voraussetzungen bringt, damit die Heilsgeschichte Gottes geschehen kann, obwohl sie das natürlich niemals beabsichtigt und will. Mit Schmunzeln kann man sagen, dass Gott die Großen dieser Welt nur zu kitzeln braucht und sie stehen ihm zur Verfügung, auch dann, wenn sie gegen Gott stehen. Denn letztlich kann nichts gegen Gott unternommen werden, so gottlos diese Welt auch ist. Auch das erkennen wir praktizierenden Christen in den Erfüllungen der Verheißungen Gottes. Es entsteht etwas zur Ehre Gottes. Und was da entsteht, das hat Zukunft.

Lassen wir uns also nicht blüffen von den Akteuren des Bösen, von den vielen verwerflichen Praktiken in dieser Welt. Sondern lassen wir uns von Jesus führen und seine uns gegebenen Verheißungen erspüren. Diese erfüllen sich, auch wenn es ganz anders geschieht, als wir es uns ausdenken. Dann dürfen wir das Rechte zur rechten Zeit tun.

2) In der Nähe zu Jesus erfahren wir das Wesentliche. Damals sollten die Jünger den Esel holen, weil Jesus in der momentanen Situation diesen benötigte. Hier ist nun die echte Nachfolge angesprochen. Was wir von Jesus erspüren und erfahren, das tun wir auch. So wächst aus dem Staunen über die Größe und Vollmacht Jesu unsere Bereitschaft, auch die Konsequenzen daraus zu ziehen. Manchmal wissen wir dabei gar nicht, warum wir das tun sollen. Den Sinn dafür erfahren wir oft erst sehr viel später.

Nachfolge hat sehr viel mit Gehorsam zu tun. Es ist aber kein Sklavengehorsam, sondern ein Liebesgehorsam gemeint. Natürlich kann man diesen Gehorsam verweigern, wie das ja so oft geschieht. Schon Adam und Eva taten dies, als sie sich fragten, warum sollen wir eigentlich nicht von diesem Baum essen.

Und als sie es dennoch taten, kamen der Fall und die Austreibung aus dem Paradies. Solcher Ungehorsam lohnt sich nicht. Damit schaden wir uns nur selbst. Damit schaufeln wir unser eigenes Grab. Nur mit unserem Liebesgehorsam zu Gott kommen wir im Leben entscheidend weiter und voran.

Das Lukasevangelium berichtet eine eigenartige Situation bei diesem Einzug Jesu, dort heißt es (Lukas 19,41-44): *Als er nahe hinzukam, sah er die Stadt und weinte über sie und sprach: Wenn doch auch du erkenntest zu dieser Zeit, was zum Frieden dient! Aber nun ist's vor deinen Augen verborgen. Denn es wird eine Zeit über dich kommen, da werden deine Feinde um dich einen Wall aufwerfen, dich belagern und von allen Seiten bedrängen, und werden dich dem Erdboden gleichmachen samt deinen Kindern in dir und keinen Stein auf dem andern lassen in dir, weil du die Zeit nicht erkannt hast, in der du heimgesucht worden bist.*

Merken wir uns das für alle Zeiten: Nicht der Hohe Rat kapierte die Wahrheit über Jesus und der momentanen Situation. Die Wahrheit liegt nicht bei den Massenbewegungen und bei den Massenmedien. Wir finden sie nicht dort, wo Tratsch und Klatsch geschieht. Sondern wir finden sie eher dort, wo die Tränen fließen, nicht die Tränen des Selbstmitleids, sondern bei den Tränen Gottes über das Leid der Menschen. Wir finden die Wahrheit nicht dort, wo sich der Glanz dieser Welt befindet, sondern jetzt zu Weihnachten an der Krippe im armen Stall wie die Hirten und Weisen; und später unter dem Kreuz Jesu.

Es lohnen sich in unserem Leben nur die Schritte und Wege, die wir in der Nähe Jesu gehen. Und das ist eine ganz persönliche Angelegenheit. Jeder, der es will, darf diese Nähe Jesu erleben.

3) Das eigentliche Anliegen Jesu: Er selbst will ganz persönlich in uns einkehren. Die Großen dieser Welt müssen sich gegen die Massen abgrenzen. Deshalb haben sie die Minister, Sekretäre, Sekretärinnen, Mitarbeiter udgl. Jesus hat das nicht nötig. Er kann gleichzeitig an Millionen von Stellen gegenwärtig sein.

Das zeichnet seine Größe aus und das will uns wieder zu Advent und Weihnachten deutlich werden.

Der Einzug Jesu in Jerusalem erschien den damals Mächtigen und Einflussreichen wie der Einzug eines Narrenkönigs. Denn ein echter König reitet auf einem edlen Pferd mit vielen Rössern im Gefolge. Er besitzt ein Zepter, eine Krone und ein Schwert. Und zu seinen Ehren werden kostbare Teppiche ausgebreitet und Girlanden angebracht. Jesus dagegen reitet auf einem Esel, der dazu nur geliehen war. Statt Teppiche wurden schmutzige, schweißgetränkte Kleider ausgebreitet und statt Girlanden Krautbüschel und Zweige geschwenkt. Und als Gefolge kamen das einfache Volk und ein paar verschüchterte Jünger.

Jesus kommt als der Ärmste, sei es zu Weihnachten oder wie hier beim Einzug in Jerusalem. Noch ärmer verlässt er die Bildfläche unserer Erde am Kreuz.

Ist das nicht unsere Rettung, dass er sich so zeigt und gibt?!! Vor Herodes hatte damals das ganze Volk eine sehr große Angst. Vor solch einem König, wie sich Jesus zeigt, braucht man keine Angst zu haben. Sondern da dürfen alle kommen, sogar die verachteten Hirten und die verabscheuungswürdigen Heiden, die drei Weisen, zu Weihnachten. Da macht es nichts aus, wenn die Jünger so oft versagt haben, Hauptsache sie blieben in seiner Nähe. Da hat Jesus Zeit für die Ausgegrenzten, Kranken, Einsamen und Hilfsbedürftigen.

So wie sich Jesus zeigt und gibt, hält er uns ein Spiegelbild vor Augen, in dem sich sehr viele Menschen erkennen dürfen. Da erkennen wir unsere eigene Lage und Situation. Da kommt er in unserer Armut, mit unserer Ohnmacht, mit unserer Schande und mit unserem Kreuz. Es gibt nur wenige Herren und Mächtige. Aber es gibt sehr viele Unterdrückte, Leidende, Kranke, Ausgebeutete, Mühselige und Beladene.

Es ist egal, wer wir sind. Jesus kommt als echter Diener zu uns, der uns hilft. Er kommt als der wahre König, der uns recht führt und leitet. Er kommt als der Gott, der in der Neuschöpfung uns und seine Heilsgeschichte zur Vollendung führt.

Wenn Jesus damals als der Richter eingezogen wäre, so wie er einmal am Jüngsten Tag einziehen wird, dann hätten die damals Mächtigen nichts mehr zu melden gehabt. Dann wären nicht er, sondern seine Gegner am Kreuz gestorben.

Wenn damals Jesus mit der Faust dreingeschlagen hätte, wie es auch seine Jünger öfters wollten, dann hätten seine Gegner ausgespielt gehabt. Zu Petrus sagte Jesus einmal in solcher Situation: *Wie würde dann die Schrift erfüllt werden?* So ist immer noch Gnadenzeit. Wer aus der Wahrheit ist, der erkennt diesen echten König Jesu, seine wahre Gestalt, erspürt seine Verheißungen und folgt ihm nach.

Überprüfen wir immer wieder unsere Praktiken, die wir täglich anwenden. Es kommt nicht darauf an, dass wir uns wie die Herren aufspielen. Sondern es kommt darauf an, dass Gott in unserem Leben zum Zuge kommt, so wie es uns Jesus vorgelebt hatte. Da können wir sehr vieles lernen. Da gibt es viele Korrekturen vorzunehmen. Da haben wir klare Ziele vor Augen, nach denen wir uns ausstrecken können. Da bekommt unser ganzes Leben einen rechten Sinn.

Dann singen auch wir wie damals das einfache Volk: *Hosianna dem Sohn Davids! Gelobt sei, der da kommt in dem Namen des Herrn! Hosianna in der Höhe!* Hosianna heißt entweder: ***Herr hilf!*** oder: ***Der Herr hilft!***

Ein paar Stunden später hat das Volk genau das Gegenteil geschrien. Aber ein paar Tage später schlugen sie sich an die Brust, kehrten innerlich um und ließen sich zu Tausenden taufen. Eine Begeisterung für Jesus genügt eben nicht. Sondern daraus muss echte Verantwortung wachsen. Und Gott gesteht uns zu, dass wir aus Fehlern lernen dürfen.

Solcher Lobgesang hebt sich weit ab von den vielen Missklängen, die es in dieser Welt gibt. Solcher Lobgesang ist wie ein Licht in dunkelster Nacht. Und jeder von uns darf in seinem Herzen diesen Lobgesang anstimmen. In der Ewigkeit singen wir einmal diesen Lobgesang in reiner Weise: *Hosianna dem Sohn Davids! Gelobt sei, der da kommt in dem Namen des Herrn! Hosianna in der Höhe!*

Wir leben im Advent, in der Bereitung und Vorfreude auf das Kommen Jesu in unser ganz persönliches Leben. Bei einem Lotteriespiel gewinnt immer nur einer. Hier bei Gott gewinnen alle, die sich in rechter Weise bereiten und mitmachen. Nach Advent kommt Weihnachten, d.h. dann zieht Jesus als der wahre König sanftmütig in unser Leben ein. Zuerst wird er sehr zart geboren, so klein, so unscheinbar, so hilflos wie ein Kind. Aber weil Jesus ganze Welten in Bewegung setzen kann, kommt in unserem Leben etwas zur Reife, wenn wir in seiner Nähe bleiben. Aus den damals scheuen Jüngern wurden vollmächtige Zeugen, Botschafter an Christi statt. Dieselben Verheißungen tragen auch wir in dieser heutigen Zeit. Dazu machen wir die Tore unseres Lebens weit und die Türen in unserer Welt hoch, damit dieser König der Ehren einziehen kann. Denn siehe, dein König kommt zu dir, ein Gerechter und ein Helfer.

Römer 15,4-13

" Was zuvor geschrieben ist, das ist uns zur Lehre geschrieben, damit wir durch Geduld und den Trost der Schrift Hoffnung haben. Der Gott aber der Geduld und des Trostes gebe euch, dass ihr einträchtig gesinnt seid untereinander, Christus Jesus gemäß, damit ihr einmütig mit einem Munde Gott lobt, den Vater unseres Herrn Jesus Christus. Darum nehmt einander an, wie Christus euch angenommen hat zu Gottes Lob. Denn ich sage: Christus ist ein Diener der Juden geworden um der Wahrhaftigkeit Gottes willen, um die Verheißungen zu bestätigen, die den Vätern gegeben sind; die Heiden aber sollen Gott loben um der Barmherzigkeit willen, wie geschrieben steht (Psalm 18,50): »Darum will ich dich loben unter den Heiden und deinem Namen singen.« Und wiederum heißt es (5. Mose 32,43): »Freut euch, ihr Heiden, mit seinem Volk!« Und wiederum (Psalm 117,1): »Lobet den Herrn, alle Heiden, und preist ihn, alle Völker!« Und wiederum spricht Jesaja (Jesaja 11,10): »Es wird kommen der Spross aus der Wurzel Isais und wird aufstehen, um zu herrschen über die Heiden; auf den die Heiden hoffen.« Der Gott der Hoffnung aber erfülle euch mit aller Freude und Frieden im Glauben, dass ihr immer reicher werdet an Hoffnung durch die Kraft des Heiligen Geistes. "

Wie oft sagt man unter Christen: Im Himmel singen wir einmal das vielstimmige Lob Gottes. So könnte man unser gemeinsames Advent mit einer Chorprobe vergleichen. Jesus übt mit uns die einzelnen Stimmen ein, aber auch das Zusammenklingen, und er gibt die Einsätze. Und da gilt es nun zu üben, immer und immer wieder; damit es klappt, wenn der eigentliche Auftritt kommt.

Es genügt noch nicht, wenn jeder seine eigene Stimme richtig singen kann. Es muss auch die Höhenlage stimmen und es muss der Einsatz zum rechten Zeitpunkt kommen. Denn es würde sich verheerend auswirken, wenn die Tonlage nicht aufeinander abgestimmt ist, oder ein Einsatz zu früh oder zu spät käme.

In diesem Predigttext geht es vor allem um die gemeinsame Vorbereitung im Advent auf Weihnachten. Unser gemeinsames Leben hat nur dann einen Sinn, wenn die Vielstimmigkeit in Abstimmung untereinander und mit Gottes Verheißungen steht.

Vor allem im Gleichnis von den zehn Jungfrauen wird dieses gemeinsame Zugehen auf das Kommen Jesu verdeutlicht. Es ist ganz wesentlich, dass wir dabei rechtzeitig alle Vorkehrungen treffen, die dazu wesentlich sind. Das können und dürfen wir nicht auf später verschieben, denn da könnte es zu spät sein. Wir kommen nicht automatisch auf den rechten Weg. Das Wenige, das von uns verlangt wird, sollen wir auch rechtzeitig tun und uns nicht davon abhalten lassen.

Das rechte Durchgehen aller Gemeinsamkeit ist immer voller Spannungen. Es ist sehr selten eine Einmütigkeit vorhanden, bei der alles reibungslos abläuft. Das ist noch der Ewigkeit vorbehalten. Ein großer Künstler sagte einmal: Seine größten Werke schafft er dann, wenn er innerlich voller Spannungen ist. Sagen wir es einmal so: Es ist spannend, zu erleben, wie sich mein Nächster entscheidet und wie Gott handelt und führt. Das entspricht nicht mehr unseren Vorstellungen. Aber zu Gott dürfen wir in dieser Richtung das volle Vertrauen aufbringen. Denn er enttäuscht uns nicht und segnet unser Leben reich.

Das rechte gemeinsame Leben ist eine der größten Aufgaben, die uns gegeben sind. Nur wer seinen Nächsten akzeptiert, ehrt und achtet, gerade in seinen Meinungen und Entscheidungen, der hat im gemeinsamen Leben eine sehr wesentliche Stellung.

So kann man diesem Predigttext folgende Dreiteilung geben: 1) Christus ist für uns alle da und nimmt uns alle an. 2) Deshalb lebt die Gemeinde einmütig und ist doch vielstimmig. 3) Über allem erklingt das Lob Gottes.

1) Christus ist für uns alle da und nimmt uns alle an. An Jesus kommt keiner vorbei. Wer es dennoch versucht, bestraft sich selbst. Und das gilt erst recht für uns Christen. Es ist unser persönlicher und gemeinsamer Vorteil, wenn jeder für sich ganz diesem Christus lebt. Denn durch ihn wendet sich buchstäblich das

Blatt unseres Lebens. Er ist unser Glück, unser Schatz, unser Gewinn, unser Bestes und Höchstes. Was normalerweise dem Tod geweiht ist, das ist durch ihm dem Leben geweiht. Was normalerweise den Gesetzen des Fluches unterliegt, unterliegt nun den Gesetzen des Segens. Was normalerweise keine Chance zum Leben hat, bekommt diese ganz neu geschenkt.

Das ist auch der Grund dafür, dass die Elenden und Armen, die Mühseligen und Beladenen, die Demütigen und Zerschlagenen dies viel eher begreifen und annehmen; als die, die die Reichen, Mächtigen, Herren und Bestimmenden sind.

Mit Jesus Christus haben wir zwar kein einfacheres Leben. Aber in der Tiefe unseres Herzens erleben wir eine Zubereitung und Beglückung besonderer Güte. Dadurch können wir alles, buchstäblich alles, in rechter Weise durchgehen und bewältigen. Und das macht unser Leben so wertvoll und schenkt uns tiefe Erfüllung. Da macht es dann auch so richtig Spaß, all das anzupacken und zu erledigen, das uns vor die Füße gelegt wird. Und alles andere können wir getrost Gott anheimstellen und ihm überlassen.

Wir Christen wissen, was Gott will. In Jesus Christus konkretisiert sich für uns der Wille Gottes. Er zeigt uns ganz klar, was Gott von uns haben will. Und das ist nie gegen jemanden oder gegen etwas gerichtet, sondern immer für uns Menschen und unser Wohl gedacht. Wer danach sein Leben aus- und einrichtet, der erlebt die Allgemeinversorgung Jesu, die ihm alles gibt, was er zum Leben benötigt. Und gerade dadurch werden wir zum Leben befähigt, zur Verantwortung, zur Leistung, zur Behutsamkeit; zum rechten Umgang mit unserem Nächsten, aber auch mit unserer Zeit, Kraft, mit unserem Geld und Besitz.

Nur Jesus kann uns ein festes Herz geben, eine beständige und klare Lebensweise, daran nicht mehr zu rütteln ist. Er versiegelt unser Leben, sodass nur sein liebender und barmherziger Anspruch zur Geltung und zum Tragen kommt. Es dient immer der Rettung und Weiterführung unseres Lebens, wenn wir die Beziehung zu Jesus weiter ausbauen. Hier bleiben wir nie an einer Stelle stehen. Wir blicken nie zurück oder zur Seite. Sondern wir stehen immer im Aufblick zu unsrem gekreuzigten und auferstandenen Herrn. Christus ist für uns alle da und nimmt uns alle an.

2) Die Gemeinde lebt einmütig und ist doch vielstimmig. Denken wir da nochmals an das Bild des Chores. Gerade beim gemeinsamen Singen sind die richtigen Töne zum rechten Augenblick ganz wichtig. Und doch gilt es, aufeinander zu hören und unseren Nächsten gelten zu lassen. Dann kommt der rechte Lobgesang zustande, der die Sänger und die Zuhörer erfreut.

Wer die Vielstimmigkeit der Gemeinde nicht akzeptiert und erträgt, der ist fehl am Platze. Der kann auch sehr viel zerstören, steht Gott uns seinen Nächsten im Wege und erzeugt nur Missklänge.

Natürlich gibt es immer wieder verschiedene Meinungen und Vorstellungen, wodurch Gräben und Abgründe entstehen. Natürlich kommt es immer wieder vor, dass falsche Entscheidungen getroffen werden. Aber gerade das ruft uns auf, in solchen Situationen Brücken zu schlagen; Brücken zum rechten Verständnis des Auftrages Jesu, Brücken zum Evangelium, zur frohen Botschaft.

Gottes Vorstellungen haben eben nichts mit dem zu tun, was unsere natürlichen Vorstellungen sind. Der Prophet Jesaja sagt als der Sprecher Gottes (55,8ff): *Meine Gedanken sind nicht eure Gedanken, und eure Wege sind nicht meine Wege. Soviel der Himmel höher ist als die Erde, so sind auch meine Wege höher als eure Wege und meine Gedanken als eure Gedanken! Aber das Wort, das aus meinem Munde geht, wird nicht mehr leer zu mir zurück kommen, sondern wird tun, was mir gefällt, und ihm wird gelingen, wozu ich es sende!*

Jede Führung Gottes dient dem Aufbau seines Reiches, an dem wir gemeinsam beteiligt sind. Die dazu nötigen Wege erfahren wir nur mit dem Wort Gottes, die immer Verheißungen darstellen, die sich auch erfüllen. Deshalb sind in unserem Predigttext so viele Bibelstellen angeführt. Und da gilt es dann, gemeinsam an demselben Strick zu ziehen.

Wenn jeder sein Christsein recht lebt, dann können wir uns nur aneinander freuen, stehen lasse, akzeptieren und ergänzen. Eine Gemeinde und

Gemeinschaft lebt davon, dass sich viele verantwortlich wissen und Verantwortung tragen. Wird das unterbunden, dann ist etwas gestört und das Wachstum ist nicht mehr gegeben. Es ist - wie schon gesagt - eine unserer Hauptaufgaben, sich für die echte Gemeinschaft einzusetzen. Weil wir alle so große Egoisten sind, ist das nicht selbstverständlich. Und dazu benötigen wir am meisten die Vergebungs- und Erlösungskräfte. Da gilt es, unsere Begierden zu kreuzigen und unsere Eigeninteressen hinten anzustellen. Jesus sagt eindeutig (Matthäus 20,26): *Wer unter euch groß sein will, der sei euer aller Diener!* Das ist unsere Aufgabe am gemeinsamen Leben. Nur damit ergänzen wir uns gegenseitig und sind bestens am Aufbau des Reiches Gottes beteiligt. Die Gemeinde lebt einmütig und ist doch vielstimmig.

3) Über allem erklingt das Lob Gottes! Verdienen würden wir nur die Missklänge, bei denen sich jeder die Ohren zuhält. Das ist normalerweise der Verdienst unseres Verhaltens. Aber hier erzeigt sich in besonderer Weise die Gnade und Barmherzigkeit Gottes. Es ist nur der Verdienst Jesu, dass durch seine Erlösungskräfte alles Dunkle, Böse und Versagen ausgelöscht wird und sein Licht, sein Gutes und seine Vollkommenheit zum Tragen kommt.

Und da heißt es dann, der Dankbare lebt aus dieser Fülle Gottes, daraus auch der rechte Lobgesang entspringt. So ist dieses Lob Gottes kein Eigenprodukt, sondern ein Geschenk. Wir selbst können es nicht produzieren, aber wir können uns ihm hingeben. Gott kann unser Herz zum Klingen bringen und unsere Herzenssaiten dazu an zupfen. Und was dann im Herzen klingt, davon fließt der Mund über.

Natürlich erklingt auf Erden noch ein sehr kümmerlicher Lobgesang. Immer wieder wollen sich Missklänge einschleichen. Denken wir nur an das damalige Weihnachtsgeschehen. Da ist die Herberge nur der arme Stall. Da gab es den Kindermord in Bethlehem. Maria und Josef mussten viele Strapazen auf sich nehmen: Armut, Unannehmlichkeiten und Reiseanstrengungen. Sie hatten nichts als die Verheißung. Und doch kam der Lobgesang zum Durchbruch durch die Engel, die Hirten und den drei Weisen. Und darüber wurden auch ihre Herzen froh und mitgerissen.

Wohl dem Menschen, der Gott lebt, der das Neue Lied singt, davon vor allem die Offenbarung des Johannes voll ist. Denn das ist das Zeugnis dafür, dass dieser Mensch sich auf Gott verlässt; er aus dieser Fülle schöpft, die Gott für ihn bereit hält.

Gottes Lob ist nicht nur die Angelegenheit der Musikalischen und der Kirchenmusiker. Auch ein Unmusikalischer kann darin einstimmen. Wenn das Herz durch die Gnade Gottes klar und rein ist, dann fließt daraus dieses Lob über Gottes herrliches Handeln.

Gottes Lob ist nicht mit Mühsal verbunden. Dazu müssen wir uns nicht aufraffen oder zwingen. Das Einzige, das wir tun dürfen, ist unsere Öffnung und Einwilligung zum Handeln Gottes. Alles andere tut dann Gott. So wie es das Wort sagt, kommt Gottes Lob zu uns. Bei der Erziehung sagt man, dass das Lob nicht zu kurz kommen darf. Und wenn Gott unser Leben erziehen darf, schenkt er uns auch reichlichst dieses Lob.

Manchmal singen wir darüber Psalmen und fest geprägte Lieder. Manchmal ist man einfach in Gott glückselig und man geht frohgemut und frohgestimmt an die Arbeit. Dieses Lob kann sehr vielfältige Formen haben. So erklingt über allem das Lob Gottes.

Unsere gemeinsame Zubereitung im Advent gleicht einer Chorprobe. Jeder darf seine einzelne Stimme erklingen lassen. Weil uns Jesus den Ton angibt und den Zeitpunkt des Einsatzes zeigt, darf unsere Stimme mit den anderen Stimmen in rechter Weise zusammen klingen. Noch haben wir Zeit zum Üben. Noch sind wir nicht am Ziel angelangt. Noch ist es oft sehr kümmerlich. Aber es kommt der Zeitpunkt des eigentlichen Auftrittes. Und da wird es vollkommen klingen.

Johannes 1,19-28

Das Zeugnis des Täufers über sich selbst:

„ Und dies ist das Zeugnis des Johannes, als die Juden zu ihm sandten Priester und Leviten von Jerusalem, dass sie ihn fragten: Wer bist du? Und er bekannte und leugnete nicht, und er bekannte: Ich bin nicht der Christus. Und sie fragten ihn: Was dann? Bist du Elia? Er sprach: Ich bin's nicht. Bist du der Prophet? Und er antwortete: Nein. Da sprachen sie zu ihm: Wer bist du dann? dass wir Antwort geben denen, die uns gesandt haben. Was sagst du von dir selbst? Er sprach: »Ich bin eine Stimme eines Predigers in der Wüste: Ebnet den Weg des Herrn!«, wie der Prophet Jesaja gesagt hat. Und sie waren von den Pharisäern abgesandt, und sie fragten ihn und sprachen zu ihm: Warum taufst du denn, wenn du nicht der Christus bist noch Elia noch der Prophet? Johannes antwortete ihnen und sprach: Ich taufe mit Wasser; aber er ist mitten unter euch getreten, den ihr nicht kennt. Der wird nach mir kommen, und ich bin nicht wert, dass ich seine Schuhriemen löse. Dies geschah in Betanien jenseits des Jordans, wo Johannes taufte. “

Was wäre, wenn heute Weihnachten ausfallen würde? Denken wir da an den ganzen Einkaufsrummel; an die vielen Weihnachtsfeiern; an die Kindersehnsüchte! Es wäre unausdenkbar. So etwas kann niemand fordern. Und es fordert auch keiner!

Aber fragen wir einmal anders herum: Was wäre, wenn Johannes d.T. nicht gepredigt und getauft hätte? Was wäre, wenn Jesus nicht Mensch geworden wäre? Was wäre, wenn alle biblischen Größen nicht auf Gott gehört hätten? Was wäre, wenn niemand da ist, der sich für die anderen einsetzt, bis hin zu all den Werken der Diakonie und der Caritas? Was wäre, wenn die ganze Missionsarbeit ins Wasser fällt und auf diesem Gebiet nichts mehr geschieht? Was wäre, wenn es keine Spenden mehr für die Notleidenden, Armen, Flüchtlinge udgl gibt? Das wäre unvorstellbar. Auch das hat etwas mit Weihnachten zu tun, ob es die einzelnen Menschen wissen oder nicht wissen.

Es gibt viele, die zwar die Advents- und Weihnachtszeit mitmachen, die aber den eigentlichen Sinn nicht kapiert haben. Junge Menschen sagen: Ich glaube doch nicht mehr an den Weihnachtsmann. Ältere sagen: Ich mache das Fest nur wegen den Kindern mit. Oder es ist für sie ein schönes Familienfest. Und danach ist alles wieder vorbei.

||: Christus wohnt, wo man ihn einlässt! :|| Heute, kurz vor dem Heiligen Abend, da fragen wir uns nicht: Was wäre, wenn das und das wäre oder nicht wäre. Sondern da geht es darum, uns weit zu öffnen, damit Christus einkehren kann. Da fragen wir uns, was das heute für unser Leben bedeutet; wie das aussieht; welche göttliche Botschaft in meine Situation trifft!

In unserem Predigttext haben wir zwei verschiedene Gruppen vor uns. Da ist Johannes d.T., der nach der Meinung Jesu der größte Prophet im Alten Testament war. Zu ihm kamen 1000-de von Menschen, die seine Botschaft hörten und sich taufen ließen. Und da ist die Gruppe der Abgesandten von der höchsten Stelle Jerusalems, die Johannes zur Rede stellten, so in dem Sinne: Was fällt dir ein, „dies" „hier" zu tun??!!

Diese zwei Gruppen gibt es auch heute in unserer Kirche. Biblisch – dogmatisch bezeichnet man diese mit dem aaronitischen und dem melchisedekischen Priestertum. Beide haben ihre Berechtigung. Aber wenn sie sich in den Haaren liegen, ist das natürlich falsch.

„Christus wohnt, wo man ihn einlässt!" Dazu zeigt uns der Predigttext dreierlei auf: 1) Es prallen zwei Welten aufeinander, wenn solche Verhörszenen wie hier in der Wüste geschehen. 2) Wer Gott in sein Leben einlässt, für den ist nicht mehr seine Person, wohl aber seine Funktion wesentlich. 3) Christus lebt mitten unter uns. Hoffentlich erleben wir ihn.

1) Es prallen zwei Welten aufeinander, wenn solche Verhörszenen wie hier in der Wüste geschehen. Diese Abgesandten von Jerusalem sind die Vertre-

ter des aaronitischen Priestertums. Man muss den Hintergrund mit sehen: Das religiöse Leben Israels spielte sich in Jerusalem ab. Dort wurden die wesentlichen Gottesdienste und Festtage begangen. Dort wurden die Priester ausgebildet und ordiniert. Dort erwartete man sehnsüchtig den Messias. Nun tritt in der Wüste, weitab vom religiösen Zentrum, einer auf, der keine Genehmigung und auch keinerlei kirchliche Ausbildung hatte. Dazu kommt noch, dass das dumme Volk zu 1000-den hinausläuft und sich taufen lässt. Deshalb läuft nun die oberste Behörde Sturm und schickt zuerst einmal eine Abordnung hinaus, die im Vorfeld einiges klären sollte. Sie fragten: „Wer bist du?“ Und „Warum tust du das?“

Mit dem, was Johannes der Täufer tut, beginnt ja das Kommen Jesu. Jesus ließ sich hier taufen und gerade hier beruft sich Jesus seine ersten Jünger: Johannes, Andreas und Petrus. Somit beginnt Jesus seine Wandertätigkeit. Und wir wissen, dass Jesus bewusst nicht die Schiene, die Ausbildungsphasen des aaronitischen Priestertums, der kirchlichen Hierarchie benützte, sondern auf der Schiene der Berufung Gottes des melchisedekischen Priestertums. In Hebräer 7 wird das näher beschrieben so in dem Sinne, dass hier Gott selbst bei uns Menschen eingreift, handelt, beruft, beauftragt und segnet, ohne dass dabei die kirchliche Hierarchie eingeschaltet wird. D.h. solches Handeln Gottes bekommt die kirchliche Hierarchie nicht in den Griff. Und wenn sie es dennoch tun will, dann läuft sie der Bewegung Gottes immer hinterher. Jerusalem wartete seit Jahrhunderten auf den Messias. Wo kommt er? Hier in der Wüste tritt er auf. Johannes sagt zu ihnen: Auf den ihr wartet, der ist hier unter uns getreten und ihr kennt ihn nicht. 30 Jahre vorher war es dasselbe: Da ist der Messias geboren und nur Maria, Josef und ein paar von den Juden verachtete Leute, die Hirten und Weisen, bekamen es mit. Während dem dreijährigen Wirken Jesu bekamen sehr viele die Messiaswürde Jesu mit. Aber es war fast keiner von der Kirche dabei. Die Jünger waren einfache Leute und die vielen Geheilten waren ja, solange sie krank waren, damals aus der Kirche ausgeschlossen, verbannt. So prallen in ähnlichen Situationen auch heute immer zwei Welten aufeinander, wobei die Kirche sehr oft der Bewegung Gottes hinterher läuft.

2) Wer Gott in sein Leben einlässt, für den ist nicht mehr seine Person, wohl aber seine Funktion wesentlich. Johannes ist ja hier ein Schlitzohr aus Gottes Gnaden. Er sagt zu dieser Abordnung so in dem Sinne: *„Was ihr meint, dass ich bin, das bin ich alles nicht. Ich bin nicht der Christus, ich bin nicht Elia und auch nicht der erwartete Prophet; ja ich bin nicht einmal so viel wert, wie sonst ein Sklave seinem Herrn tun darf, dem Kommenden seine Schuhriemen zu lösen."* Und doch bekennt er sich zu seinem Auftrag, den er bekommen hat: *„Ich bin eine Stimme eines Predigers in der Wüste mit dem Auftrag, den Weg des Herrn zu bereiten."* Und weil er dann den Messias erwähnte, bekennt er damit, dass er das Kommen des Messias ankündigen und bereiten darf. So darf er das tun, was seit Jahrhunderten die Priester in Jerusalem tun wollten, worauf sie scharf waren. Und wir wissen, dass das das damalige Ärgernis war. Das stachelte die Offiziellen so auf, sodass sie drei Jahre später Jesus kreuzigten.

Nun, das Volk war anders geprägt. Sie hörten auf die Botschaft des Johannes, nahmen seine Botschaft an und ließen sich taufen. Später geschah das auch bei der Botschaft Jesu. Sie konnten ihm stundenlang zuhören, weil sie da echte Lebensnahrung bekamen. Und sie erlebten in den vielen Heilungen die Vollmacht Jesu.

„Ebnet den Weg des Herrn!" Was wir von der Botschaft Gottes wissen, - und wir wissen sehr viel -, das leben wir aus; das nehmen wir zu Herzen; dafür setzen wir uns ein. Das tat damals Johannes d.T.. Das taten seine Zuhörer. Das tun wir heute. Und wir lassen uns daran nicht hindern, wenn noch so viele prominente Kritiker auftreten sollten. Jeder praktizierende Christ erkennt seine persönliche Berufung durch Gott und weiß somit um seinen damit zusammen hängenden Auftrag, den er auch in aller Treue ausführt. Die Aufträge sind von ganz schlichter Art, die bei den Parallelstellen berichtet sind. Da sagt Johannes, dass sie Buße tun sollen, also umkehren, weg vom Bösen und hin zum Guten. Und für die Praxis nennt er, Lukas 3: *Wer zwei Hemden hat, der gebe eines dem, der keines hat; und wer zu essen hat, tue desgleichen. Die Zöllner sollen sich an ihre*

Vorschriften halten und die Soldaten sich an ihrem Sold genügen lassen. Eine Umkehr ist immer eine erfreuliche Sache und die täglichen Aufgaben sind das Natürlichste der Welt: das rechte Miteinander. Das ist die „Funktion“ unseres Christseins, bei der unsere Höhe oder Niedrigkeit, unsere „Person“ keine Rolle spielt.

3) Christus lebt mitten unter uns. Hoffentlich erleben wir ihn. Hier spielt nun die Advents- und Weihnachtsbotschaft eine große Rolle. Jemand hat gesagt: *„Wäre Jesus 1000 Mal in Bethlehem geboren und nicht in dir, so wärst du ewig verloren!“* Wenn Christus mitten unter uns lebt, dann nur deshalb, damit wir ihn auch erleben können. Die Jünger Jesu bezeugen uns dies mit ihrer dreijährigen Wanderschaft mit Jesus. Das ganze Neue Testament ist davon voll. In der Kirchengeschichte haben wir viele Vorbilder, die uns das vorlebten. Ich denke, dass hier keiner eine Ausrede haben kann, dass er hiervon nichts weiß und erlebt. Es gibt in unserem Alltag und Leben sehr viele Berührungspunkte, mit denen wir Christus erleben. Offenbarung 3,20: *Siehe, ich stehe vor der Tür und klopfe an. Wenn jemand meine Stimme hören und die Tür auftun wird, zu dem werde ich hinein gehen und das Abendmahl mit ihm halten und er mit mir!“* Und im Gleichnis vom Weltgericht ist eindeutig genannt, dass wir dann Christus dienen, wenn wir unserem Nächsten dienen.

Jesus sagt ja auch, dass Gottesliebe und Nächstenliebe zwar zwei Gebote sind, aber ganz eng zusammen gehören. Schieben wir also unsere Nächsten nicht ab oder zur Seite, wenn sie ein Anliegen haben. Seien wir offen für das, was heute möglich und nötig ist.

Die Nächstenliebe gelingt uns nur dann, wenn uns die Gottesliebe sehr viel bedeutet. Hierfür gilt Matthäus 6,33: *„Trachtet zuerst nach dem Reich Gottes und nach seiner Gerechtigkeit, so wird uns auch das ganze Leben gelingen!“* Und vor diesem Satz wird genannt: unser Leib, unsere Schönheit, unsere Kleidung, unsere Nahrung, unsere Wohnung, unsere Finanzen, unsere Herrlichkeit und unser langes Leben. Das alles wird uns dann gelingen.

Gott vertraut uns so vieles an, sodass wir weder Stress noch Unterforderung kennen. So leben wir hier wach und verantwortlich. So nützen wir die Chancen und Gelegenheiten Gottes. So geht es in unserem Leben zielstrebig voran und weiter. Nichts und niemand können uns auf diesem Weg aufhalten. Überblickend kann man sagen: Gott teilt uns dann den Raum unseres Lebens zu und teilt uns die Zeit ein. Solche starke Verbindung gibt es zu ihm, weil Christus mitten unter uns getreten ist.

Unser Weihnachtsfest ist schnell wieder vorbei. Aber der, der die Geburt Jesu persönlich erlebt hat, bei dem reißt die Beziehung zu ihm nicht mehr ab. Es entwickelt sich eine Lebensgemeinschaft mit ihm, die uns sehr viel bedeutet und zu sagen hat. Damit können wir innerlich reich und glückselig leben. Und das hat auch nach außen eine große Ausstrahlungskraft. Da reiht sich eine Führung Gottes an die andere. Da erleben wir ein erfülltes Leben und Dienen. Da wird uns nichts zu viel und es fällt uns gegengleich auch nicht die Decke auf den Kopf. Da hat es einen Sinn zu leben und zu wirken.

Also fragen wir nicht so sehr danach: Was wäre, wenn ... Sondern nehmen wir die Botschaft Gottes an. Deshalb lebt Christus mitten unter uns, damit uns das Leben gelingt. Auch wenn manchmal zwei Welten aufeinander prallen, geht für uns die Welt nicht unter. Denn wir dürfen Gott in unser Leben herein lassen, wodurch unser Leben funktioniert. So gesehen ist Weihnachten wahrhaftig ein Fest der Freude und wir sind die reich Beschenkten. Christus wohnt, wo man ihn einlässt.

Lukas 2,1-20

Jesu Geburt

„ *Es begab sich aber zu der Zeit, dass ein Gebot von dem Kaiser Augustus ausging, dass alle Welt geschätzt würde. Und diese Schätzung war die allererste und geschah zurzeit, da Quirinius Statthalter in Syrien war. Und jedermann ging, dass er sich schätzen ließe, ein jeder in seine Stadt. Da machte sich auf auch Josef aus Galiläa, aus der Stadt Nazareth, in das jüdische Land zur Stadt Davids, die da heißt Bethlehem, weil er aus dem Hause und Geschlechte Davids war, damit er sich schätzen ließe mit Maria, seinem vertrauten Weibe; die war schwanger. Und als sie dort waren, kam die Zeit, dass sie gebären sollte. Und sie gebar ihren ersten Sohn und wickelte ihn in Windeln und legte ihn in eine Krippe; denn sie hatten sonst keinen Raum in der Herberge. Und es waren Hirten in derselben Gegend auf dem Felde bei den Hürden, die hüteten des Nachts ihre Herde. Und der Engel des Herrn trat zu ihnen, und die Klarheit des Herrn leuchtete um sie; und sie fürchteten sich sehr. Und der Engel sprach zu ihnen: Fürchtet euch nicht! Siehe, ich verkündige euch große Freude, die allem Volk widerfahren wird; denn euch ist heute der Heiland geboren, welcher ist Christus, der Herr, in der Stadt Davids. Und das habt zum Zeichen: ihr werdet finden das Kind in Windeln gewickelt und in einer Krippe liegen. Und alsbald war da bei dem Engel die Menge der himmlischen Heerscharen, die lobten Gott und sprachen: Ehre sei Gott in der Höhe und Friede auf Erden bei den Menschen seines Wohlgefallens. Und als die Engel von ihnen gen Himmel fuhren, sprachen die Hirten untereinander: Lasst uns nun gehen nach Bethlehem und die Geschichte sehen, die da geschehen ist, die uns der Herr kundgetan hat. Und sie kamen eilend und fanden beide, Maria und Josef, dazu das Kind in der Krippe liegen. Als sie es aber gesehen hatten, breiteten sie das Wort aus, das zu ihnen von diesem Kinde gesagt war. Und alle, vor die es kam, wunderten sich über das, was ihnen die Hirten gesagt hatten. Maria aber behielt alle diese Worte und bewegte sie in ihrem Herzen. Und die Hirten kehrten wieder um, priesen und lobten Gott für alles, was sie gehört und gesehen hatten, wie denn zu ihnen gesagt war. "*

Ein uraltes Weihnachtslied beschreibt: „Welt ging verloren, Christ ist geboren, freue dich o Christenheit!" Dies nennt in klassischer Weise das Wunder von Weihnachten. Gott betritt unsere Welt.

Zu Weihnachten spüren das viele für ein paar Tage. Danach ist dieses Gespür wieder vorbei. Aber Gott will, dass dieses Gespür für immer vorhanden ist.

Neun Monate vorher hatte Maria dieses Gespür bei der Empfängnis, angekündigt durch den Engel Gabriel. Zu Weihnachten bekamen dieses Gespür die Hirten auf dem Felde durch eine singende Engelschar. Gleichzeitig bekamen dieses Gespür die Sternforscher durch ein besonderes Ereignis am Sternenhimmel. 30 Jahre später bekamen die 12 / 70 / 500 Jünger dieses Gespür und sie folgten Jesus nach. Viele Beispiele der Kirchengeschichte, bis herein in unsere Tage, erlebten Männer und Frauen dieses Gespür der Menschwerdung Gottes.

Manche sagen für die Ereignisse, die sie erleben: Da ist der Teufel los! Wir sagen: Da ist Gott los! Da ist Gott am Wirken und am Handeln. Da ist Gott mitten unter uns. Da verändert sich sehr viel. Alle Nutzlosigkeit des Lebens ist verflogen und eine große, gewaltige Sinnhaftigkeit ist gegeben. Da lohnt sich zu leben und zu wirken, zu schaffen und zu bezeugen. Alle unsere Dienste haben das einzige Ziel, sich fruchtbringend im Leben einzubringen und sich einzusetzen. Denn Gott ist mitten unter uns.

Schon das ist unsere Rettung, dass uns Gott nicht aufgibt, dass er sich um uns bemüht, dass er uns ganz nahe gekommen ist und dass damit sein Segen und Friede vorhanden ist. Damit uns das klar wird, wird er ganz klein, sodass wir das auch fassen können. Die damit verbundenen Erlebnisse sind nicht hochtrabend, sondern ganz einfach uns schlicht, aber doch gewiss und klar.

Als Christen dürfen wir alles mit ganz anderen Augen ansehen, als es normalerweise angesehen wird. Gott schenkt uns geöffnete Augen und Ohren, ein offenes Herz für sein Wirken und seine Anliegen. Er erlaubt uns, mit seiner Gesinnung alles einzuschätzen und zu gestalten. Und Gott baut etwas Beständiges auf. Das ist das Hauptziel seines Wirkens und Schaffens.

Natürlich will Gott auch, dass wir das tägliche Brot, die Kleidung und eine Wohnung haben. Aber darüber schenkt er uns auch das Seelenheil, die Bestimmung, dass wir bei seiner Neuschöpfung unseren Platz haben und dafür unseren Beitrag bringen. Deshalb geschah damals Weihnachten. Deshalb war der Beitrag von Maria und Josef, der Hirten und Weisen wichtig. Heute sind wir dran, dass Gottes Werk weiter geht und zur Vollendung wachsen und reifen kann.

Welt ging verloren, Christ ist geboren. 1) Als die Zeit erfüllt war, kommt Gott in unsere Welt. 2) Gott sucht eine persönliche Verbindung zu uns. 3) Lasst uns gehen und sehen.

1) Als die Zeit erfüllt war, kommt Gott in unsere Welt. Unsere Erwählung, die sich Gott vornimmt, ist für uns gesehen eine ganz noble Angelegenheit. Gott hätte das nicht nötig, dass er sich uns erwählt. Und doch tut er es, aus ganz großem Erbarmen heraus. Er hat es auf uns abgesehen. Er will mit uns Kontakt bekommen. Er will in uns geboren werden, einkehren, sein Leben mit uns teilen.

Und wir dürfen uns dafür öffnen, auch unser Leben, unsere Erlebnisse mit ihm teilen. Wir dürfen uns freudig auf den Weg machen, um seine Schätze und Reichtümer aufzuspüren und zu erleben. Das hat dann auf unser gesamtes Leben viele Auswirkungen. Auch wenn wir keine besonderen Erlebnisse hätten, haben auch wir sehr viele Zeichen: die Verheißungen im Worte Gottes, die Taufe, das Abendmahl und den Segen und Frieden Gottes.

Es gibt Augenblicke, Erlebnisse, bei denen der Himmel Gottes unsere Erde berührt, wie hier bei den Hirten. Es gibt das Leuchten Gottes, die Bewahrung durch einen Schutzengel, manche beglückende Erlebnisse, bei denen keine Menschen beteiligt waren. Es gibt Augenblicke, in denen die Erde schweigt, aber der Himmel Gottes jubelt. Solche Augenblicke sind nicht von uns verursacht, arrangiert oder hervorgerufen. Da steht Gott dahinter. Da kommt Gott zu uns. Da spricht er uns in der Tiefe an. Da kann es schon sein, dass wir deshalb sehr erschrecken, wie auch die Hirten zuerst erschrocken sind. Aber Gott spricht dabei: Fürchte dich nicht! Ich will dir nur helfen und beistehen.

Gott hat mit uns etwas vor. Er will uns mit in seinen Heilsplan einbeziehen. Er will uns das höchste Lebensziel, das es gibt, gewinnen lassen. Da gewinnt jedes Los, jedes Lebenslos, ob Hausfrau, Arbeiter, Angestellter, Pfarrer, Mutter, Vater, Bürger Deutschlands oder in der dritten oder vierten Welt. Gott macht aus uns etwas sehr Wertvolles. Deshalb tritt er in unser Leben. Er will uns das Leben nicht vermiesen, sondern reich erfüllen und beschenken. Er will uns beglückende Erlebnisse zukommen lassen. Das ist immer etwas sehr Wertvolles, Erhebendes und Erstaunliches. Das hat sehr viele Auswirkungen auf unseren Alltag, unsere Aufgaben und Dienste. Das zahlt sich für unser ganzes Leben aus. Denn Gott kommt in unsere Welt, Alltagswelt, wenn die Zeit dazu erfüllt ist, wenn seine Erwählung uns trifft.

2) Welt ging verloren, Christ ist geboren: Gott sucht eine persönliche Verbindung zu uns. Er will mit uns Gemeinschaft pflegen. Bei der Sendung „Wetten Dass!“ heißt es immer wieder: „Die Wette gilt!“ So heißt es bei Gott immer wieder: „Seine Botschaft gilt!“ Sie ist wahr! Sie geschieht! Das Verheißene trifft zu und erfüllt sich! Und Gott wäre nicht Gott, wenn es nicht so wäre. Er, der Höchste, der Größte, der Beste will in uns geboren werden, einkehren, seine Wohnung aufrichten.

Dabei schiebt er uns nicht zur Seite, sondern daran werden wir höchst aktiv beteiligt. Da gerät unser Leben in erfreulicher Weise in Bewegung. Da wird etwas angestoßen, das wir nie bereuen werden. Das alles dient uns zum Besten, zu unserem Heil.

Immer wieder erleben wir, dass Gott uns mag, dass er uns will und liebt, dass er uns grenzenlos beschenkt. Ja, das darf so weit gehen, dass wir wissen dürfen, dass Gott schon vor unserer Geburt mit uns etwas vor hat. Er will uns etwas Großes, unsere ewige Seligkeit, schenken, die wir ohne ihn nie erleben könnten. Gott ist nicht weit weg von uns. Er sinnt sehr darauf, wo er uns Gutes und Förderliches zukommen lassen kann. Seine Gegenwart dient uns immer zu unserem Vorteil, er verhilft uns zur rechten Bewältigung unsres Lebens.

So ist es wesentlich für uns, dass wir uns mit dem Worte Gottes beschäftigen; dass wir dahinter kommen, was es mit seinen Verheißungen und Zusagen auf sich haben. Es ist wesentlich, uns im Gebet, im Gespräch und in Absprache mit Gott zu klären, was Gott momentan mit uns vor hat, was er von uns haben will. Es ist für uns wesentlich, dass wir uns im Vaterhaus Gottes auskennen; welche Räume und Schätze darin vorhanden sind, die wir uns erschließen und aneignen dürfen.

Der Himmel Gottes ist für uns das Näheste, das es gibt. Wir können wahrhaftig viel mehr mit Gott reden als mit einem Menschen. Dazu haben wir eine offene Basis, auf der wir uns bewegen dürfen. Wie Maria dürfen wir die Zusagen Gottes ständig in unseren Herzen bewegen und damit ihm vertrauensvoll alles zutrauen und überlassen. Was Gott in uns anstößt, hat auf unser gesamtes Leben gewaltige Auswirkungen. Da bekommt unser Alltag buchstäblich einen Ewigkeitsbezug. Da fließen Ewigkeitswerte in unser Leben herein. Sogar die kleinsten und geringsten Taten sind deshalb sehr wertvoll. Es zeugt von Gottes Reichtum und Überfluss. Wir dürfen eine persönliche Verbindung zu Gott haben.

3) Welt ging verloren, Christ ist geboren: So lasst uns gehen und sehen! So haben die Hirten auf die Botschaft der Engel reagiert. So reagieren auch wir auf die Botschaft, die im Wort Gottes zu Weihnachten enthalten ist. Freuen wir uns über das, das wir täglich tun dürfen. Für die Hirten war es für eine Nacht etwas Besonderes. Aber dann lief wieder der grauen Alltag ab, in dem sie aber ganz bestimmt anders gestanden sind, als es vorher war. Für Maria und Josef war der Besuch der Hirten ganz bestimmt ein Gruß vom Himmel. Aber danach mussten sie sehen, wie sie über die Runden kamen. Keine Strapaze blieb ihnen erspart. Und doch gilt der Aufruf: Freuen wir uns über das, das wir täglich tun dürfen. Gott will, dass uns nicht nur die Festtage gelingen, sondern auch die gewöhnlichen Alltage. Gott will, dass die oft feierlich gesprochenen Zusagen und Ver-

sprechungen bei Konfirmation und Eheschließung und Einkleidung auch das ganze Leben über halten und mit Leben gefüllt werden. Gerade das ist ja die Kunst unseres Lebens.

Unsere Verlässlichkeit ist ein hohes Gut unseres Christenlebens. Wir verlassen uns auf Gott. Und ich denke, dass man schon sagen kann, dass sich Gott auch auf uns verlässt. Dazu kommt, dass sich auch unsere Mitmenschen auf uns verlassen. Zusätzlich vernachlässigen wir kein einziges Gebiet unseres Alltagslebens. Und das alles tun wir aus Dankbarkeit und Freude. So liegt auf allem ein gewisser Glanz, den uns niemand rauben und streitig machen darf. Sogar die Strapazen des Lebens lohnen sich. Sogar die schweren Stunden des Lebens durchgehen wir nie umsonst. Wir lernen, nicht mehr von den Meinungen der Menschen abhängig zu sein, sondern viel mehr von der Meinung Gottes.

Obwohl wir ganz dem Alltag verpflichtet sind und uns Gottes Gegenwart dazu auch verhilft. So steht dennoch darüber auch der Auftrag Gottes, den jeder Christ hat. Wir bezeugen und verkündigen die Frohe Botschaft, das Evangelium Gottes. Auch das gehört zu unsrem Alltag. Gerade solches Zeugnis ruft Verwunderung aus. Durch uns fällt es auch unserem Nächsten leichter, an Gott zu glauben. Ja, wir dürfen Geburtshelfer zur Gott gewirkten Neugeburt und Wiedergeburt sein, die schon zu unseren Lebzeiten stattfindet. Da werden für Gott neue Gotteskinder geboren. So trägt unser Leben die Früchte des ewigen Lebens, der ewigen Glückseligkeit, der Neuschöpfung Gottes. So dient alles, was wir tun, dem Aufbau und Weiterbau des Reiches Gottes. Dazu lasst uns gehen und sehen, was Gott uns verheißt und als Botschaft und Auftrag gibt.

„Welt ging verloren, Christ ist geboren, freue dich du Christenheit.“ Das ist das Wunder von Weihnachten; Gott betritt nicht nur diese Welt, sondern mein und dein Leben. Da ist nicht mehr der Teufel los, sondern allein Gott ist gegenwärtig, am Wirken und am Handeln. Da ist er mitten unter uns. Und das erhebt gewaltig das Leben jedes Christen. Eine sehr wertvolle Fracht ist in uns vorhanden. Da lohnt sich jeder Tag unsres Lebens und wir kennen die echte Lebensfreude. Welt ging verloren, Christ ist geboren, freue dich du Christenheit.

Johannes 3,31-36

Im Kapitel der Wiedergeburt bezeugt Johannes:

„ Der von Gott her kommt, ist über allen. Wer von der Erde ist, der ist von der Erde und redet von der Erde. Der vom Himmel kommt, der ist über allen und bezeugt, was er gesehen und gehört hat; und sein Zeugnis nimmt niemand an. Wer es aber annimmt, der besiegelt, dass Gott wahrhaftig ist. Denn der, den Gott gesandt hat, redet Gottes Worte; denn Gott gibt den Geist ohne Maß. Der Vater hat den Sohn lieb und hat ihm alles in seine Hand gegeben. Wer an den Sohn glaubt, der hat das ewige Leben. Wer aber dem Sohn nicht gehorsam ist, der wird das Leben nicht sehen, sondern der Zorn Gottes bleibt über ihm. “

Weihnachten hat nichts mit einer gelegentlich hohen Gemütsstimmung zu tun. Sondern es zeigt uns die göttliche Liebe, mit der Gott bereit ist in unsere Brutalitäten zu kommen, um neue, bessere Verhältnisse zu schaffen

Mit Weihnachten gibt es wieder die Instanz Gottes, an die wir uns mit unseren Anliegen, Fragen, Bitten und Nöten wenden können. Es gibt den konkurrenzlosen Experten Gottes, der uns mit Sachverstand und göttlicher Vollmacht weiterhelfen kann.

Mit Weihnachten ist uns der Himmel Gottes geöffnet. Die Engel, der Stern, die wahre Liebe, die ewige Hoffnung und Erwartung sind nun keine Utopie mehr, sondern blutige Wahrheit geworden. Gott selbst liegt in der Weihnachtskrippe für uns bereit. Wir dürfen uns mit ihm beschenken lassen. Nehmen wir ihn ohne Zögern, ohne Wenn und Aber an. Bringen wir dieses kindliche Vertrauen auf. Wir werden nie enttäuscht.

Verstehen können wir Gott nicht. Wenn wir Gott wären, dann würden wir ganz anders handeln. Dann wären wir nicht so dumm und würden uns in die Hände der Menschen begeben. Aber die dahinter stehende Liebe Gottes schlägt diesen Weg ein, um uns seine Gelegenheiten zu geben. Unser Existenzkampf bekommt eine positive Wende. Es gibt für uns wieder einen Weg, der zum Ziel führt. Es lohnt sich das Leben.

Den Weg, den Gott zu Weihnachten einschlägt, ist einmalig. Es ist die letzte Gelegenheit, Chance für uns, mit der uns Gott das Höchste, das Beste, das Wertvollste und das Ewige zukommen lässt. Auch wenn es ein ganz anderer Weg ist, als wir ihn normalerweise gewöhnt sind, so führt er uns doch zu dem Ziel, das wir uns wünschen und vorstellen. Es sind keine krummen Wege und Touren damit verbunden. Sondern Gott selbst sieht darauf, dass alles in rechter Weise zugeht. Wenn wir ein Vertrauensverhältnis zu diesem Jesus aufbauen, das wir mit Glauben bezeichnen, sind auch wir beim Weihnachtsgeschehen mitten dabei. Es kommt das Reich Gottes in unsere Alltagswelt. Darin sind wir eingebunden. Gott gebraucht und benützt unser Leben für seine Sache. So leben wir nicht mehr umsonst.

Dieser uns heute gegebene Predigttext unternimmt den Versuch, Weihnachten mit unserer Wiedergeburt im christlichen Verständnis zu vergleichen. !) Jesu Geburt ist vollbepackt mit dem göttlichen Programm. 2) Weil er ganz Mensch geworden ist, hat unser Menschenleben wieder einen Sinn. 3) Mit unserem Glauben an Jesus setzen wir unter die Zusagen Gottes unser Siegel.

1) Jesu Geburt ist mit dem göttlichen Programm vollgepackt. Vers 31: *Er kommt von Gott her; er ist über allen.* Vers 32: *Er bezeugt, was von Gott kommt.* Vers 35: *Gott hat ihm alles in seine Hand gegeben.* Vom Weihnachtsgeschehen selbst wissen wir, dass sich etliche alttestamentliche Verheißungen erfüllt haben.

Man kann sagen: Jesus ist allezeit Gott. Das gilt auch für das damalige Weihnachtsgeschehen, aber auch für Weihnachten 2000. Es geht nicht darum, dass wir ihn mit unseren Augen sehen, mit unseren Händen greifen oder mit unserem Verstand verstehen könnten. Denn das geht nicht. Und doch ist er als der Sohn Gottes erfahrbar und erlebbar. Seine Verhüllung in solcher Niedrigkeit, sein Geheimnis, kann sich uns lüften. Er wird auch zu unserem Geheimnis, in das wir einsteigen dürfen.

Man kann von unserer Welt fasziniert sein. Sehen wir einmal von den Unglücksmeldungen ab, dann können uns die Schönheiten der Natur und der Wissenschaften begeistern. Und doch werden diese Schönheiten von den vorhandenen Hässlichkeiten des Lebens überschattet, sodass man gar nicht mehr froh werden kann. Auch da hinein fließt das Licht von Weihnachten. Die Größe Gottes, seine Herrlichkeit, seine gewaltigen Handlungen, sein ewig gültiges Geschehen ist mitten unter uns vorhanden. Und wir dürfen ihn entdecken, erleben, hautnah erfahren. Ja er kommt in unser Leben herein. Er will sich in uns und durch uns verwirklichen, sein Reich aufbauen und seine Neuschöpfung zur Vollendung bringen.
Gott will nicht unseren Untergang. Er bleibt nicht in einer unerreichbaren Ferne. Auch ist er nicht der Gott, der es verdient hätte, mit Vorwürfen überschüttet zu werden. Weihnachten ist der Punkt der Weltgeschichte, an dem Gott Mensch wurde. Er beugte sich so tief, sodass sogar die Randgruppen der Hirten und Heiden ihn erleben konnten und froh werden durften.

Glauben wir es, dass auch über einem jeden von uns die göttliche Bestimmung liegt. Es gibt auch heute das göttliche Programm. Gott selbst will alle dabei haben. Er schließt keinen aus. Ca. 30 Jahre nach Weihnachten sagt Jesus zu Nikodemus: *Wenn du von neuem geboren wirst, dann kannst du das Reich Gottes erleben und auch in dieses hinein kommen.*

Nach Johannes 1 schuf Jesus diese ganze Welt. Der Versucher riss das an sich. So kommt Gott selbst in diese von ihm abgefallene Welt, um zu retten, was zu retten ist. Sehen wir Weihnachten in diesem großen Zusammenhang. Jesu Geburt ist mit dem göttlichen Programm vollbepackt.

2) Weil er ganz Mensch geworden ist, hat unser Menschenleben wieder einen Sinn. Hier liegt nun die Betonung darauf, dass Jesus auch gleichzeitig ganz Mensch war.

Wir sagen ja gerne: Auch unter uns Christen menschelt es sehr. Und da fällt uns eine ganze Palette von Vorwürfen ein, die wir im Hinterkopf geparkt haben. Auch dafür bedeutet uns Weihnachten sehr viel. Für die gesamte Heilsgeschichte gesehen betritt Jesus zu dem Zeitpunkt unsere Welt, wo nach menschlichen Maßstäben alles aus ist und verloren erscheint. Das dürfen wir auch auf unser Leben übertragen. So sehr uns unsere Verlorenheit und Verdorbenheit bedrückt, so gibt es doch daraus eine Errettung. Natürlich müssen wir dies erkennen, das bleibt uns nicht erspart. Aber dann können wir zur Krippe kommen, um uns das wahre Verständnis vom Leben abzuholen, damit beschenken zu lassen. Keiner ist da zu unwürdig oder gar zu schlecht. Nur die Hochmütigen, die Hoffärtigen, die im geistlichen Verständnis Reichen schaffen das nicht.

Weihnachten ist gleichzeitig die Provokation Gottes, dass er seinen Sohn, seine Engel und seinen Stern nicht zu den Führern und Größen Israels schickte. Diese blieben ausgeklammert. Sie hörten es höchstens von denen, die von ihnen verachtet worden sind. Und darauf konnten sie natürlich nicht hören. Das wäre eine Zumutung besonderen Grades.

Gott verachtete diese Größen nicht. Aber er weiß zu genau, dass diese sein Kommen nur für ihre eigenen Zwecke missbraucht hätten. Und das wäre für sein Kommen Gift gewesen. Hüten wir uns, unsere Größe, unseren Einfluss in irgendeiner Art und Weise zu missbrauchen. Gott zieht sich dann von uns zurück, ohne dass wir das gleich merken. Das wäre sehr, sehr schade.

Stören wir uns nicht an den ganz einfachen Wegen, die Gott will und führt. Letztlich ist das unsere Rettung, wenn er nicht so kompliziert wie wir Menschen ist. Gottes Kommen in unsere Welt beginnt unscheinbar und klein, jedenfalls von der großen Weltgeschichte her gesehen. Für die, die es erleben, ist es das Licht in ihrer Finsternis; das Leben in ihrem Tod; die Hoffnung in ihrer Verlorenheit; das Glück in ihrem Pech; die Liebe in ihrem Hass; die Freude in ihrer Traurigkeit; der Friede in ihrem Streit; die Errettung in ihrer Verdammnis; der Segen in ihrem Fluch; und diese Reihenfolge könnte man fortsetzen. Weil Jesus ganz Mensch geworden ist, hat unser Menschenleben wieder einen Sinn.

3) Mit unserem Glauben an Jesus setzen wir unter die Zusagen Gottes unser Siegel. Vers 33: *Wer das Zeugnis Jesu annimmt, der besiegelt, dass Gott*

wahrhaftig ist. Vers 36: *Wer an den Sohn glaubt, der hat das ewige Leben.* Man könnte dazu auch sagen: Das Alte vergeht und das Neue kommt. So einfach ist das bei Gott. Und mit dem Neuen kommt wieder das Ursprüngliche zum Vorschein. Für diese Welt heißt es: *Es gibt nichts Neues auf dieser Erde!* Für das Reich Gottes heißt es: *Jeder Tag ist der neue Ewigkeitsanfang in Jesus Christus.* Für uns darf jeder Tag der Anbruch des Neuen sein, das sich Gott für sein Reich vornimmt. Jesus vollbringt das in uns. Sein Angebot dafür steht fest. Er hat den dazu nötigen Vertrag rechtsgültig unterschrieben. Und mit unserem Glauben setzen wir auch unsere Unterschrift darunter.

Jesu Lebenswerk als Mensch ist schon längst vollendet. Aber es ist nie veraltet. Und wenn bei Gott tausend Jahre wie ein Tag ist, dann war es erst vorgestern, da Weihnachten stattfand. D.h. für jedes Menschenskind auf dieser Erde ist das Angebot Jesu aktuell, gültig und lebensnah. Wer in seine ausgestreckte Hand einschlägt, für den gilt das für alle Ewigkeit. Jeder entscheidet urpersönlich, was er damit anfängt. Es kommt nicht so sehr darauf an, wie viel Mist meine Nächsten, die Menschen, die Kirchen oder die Staaten fabrizieren. Es gilt lediglich die eine Frage, wie ich mich entscheide und was ich tue.

Jeden Morgen neu bin ich da angefragt. Und nie kann ich mich auf Gestern berufen. Wenn man die Linie von Weihnachten ganz auszieht, dann ist jeder Morgen neu Weihnachten, mein ganzes Leben lang. Gottes Herrlichkeit will nicht nur im Himmel bleiben. Sie will täglich neu zu mir kommen und den neuen Tag bestimmen. Seine Engel und sein Stern kommen in unseren Alltag. Diese vieltausend Engel sind auch heute unterwegs. Wem können sie die Botschaft Gottes bringen? Wem zeigt der Stern den Weg Gottes?

Unser Glaube an Jesus Christus ist für uns Christen die gewisseste Sache, die es gibt. Für diese Welt ist es das Gegenteil. Sie sagen: *Glaube ist Nichtwissen!* Für uns ist er gewisser als alles Sichtbare und Greifbare, nur beweisen können wir es nicht. Deswegen ist im Text zwei Mal das Wort Zeugnis genannt. Es geht nicht um Beweise, sondern um unser Zeugnis. Und bezeugen können wir nur das, was wir mit Gott erlebt haben. So wie die Hirten und Weisen damals bezeugen konnten, so waren es später die Jünger und danach die Zeugen der ganzen Kirchengeschichte. Heute dürfen wir es sein. Darin steckte eine so große Lebendigkeit, die alle Sturheit und Gesetzlichkeit überwindet. Gott kommt durch uns zum Zuge und es erfüllen sich die Verheißungen Gottes. Mit unserem Glauben an Jesus setzen wir unter die Zusagen Gottes unser Siegel.

Weihnachten zeigt uns die göttliche Liebe, mit der Gott bereit ist in unsere Brutalitäten zu kommen, um neue, bessere Verhältnisse zu schaffen. Das Hauptanliegen im Umfeld dieses Predigttextes ist die Neugeburt aus Gott. Seien wir bereit, dass Jesus in uns geboren werden kann. Es entsteht ein neues Leben, das sich immer weiter entwickelt und zur Vollendung kommen darf.

Titus 3,4-8a

„ Es erschien uns die Freundlichkeit und Menschenliebe Gottes, unseres Heilands. Er machte uns selig - nicht um der Werke der Gerechtigkeit willen, die wir getan hatten, sondern nach seiner Barmherzigkeit - durch das Bad der Wiedergeburt und Erneuerung im heiligen Geist, den er über uns reichlich ausgegossen hat durch Jesus Christus, unsern Heiland. So sind wir, - die wir durch Jesu Gnade gerecht geworden sind, - Erben des ewigen Lebens nach unsrer Hoffnung. Das ist gewisslich wahr. "

Gott finden wir nicht mit dem Fernrohr, sondern mit unserem Gang zur Krippe. Damit beginnt unser Glaubensweg mit vielen Reifestationen. Weihnachten hat weniger mit unserer Gefühlsduselei zu tun. Sondern Gott legt in die Härte und Brutalität unseres Lebens seine ganze Freundlichkeit, Menschenliebe, Barmherzigkeit und Gnade. Und er weiß auch, dies uns und ihm zu bewahren. Es dürfen nur die zugreifen, die sich ihm in echter Weise öffnen und ihn herein lassen. Allen anderen ist der Zugang und Zugriff verwehrt.

Weihnachten ist so ein herausragendes Fest im Jahresablauf, das uns allen zu Herzen geht. Für viele ist das nach Weihnachten wieder vorbei. Wer dagegen den eigentlichen Sinn erfahren hat, für den ist Weihnachten ein erneuter Anstoß für das ganze Kirchenjahr. Da kommt Epiphanias, die Erleuchtung über das momentan Erlebte. Da kommt die Passionszeit, die uns den Sinn und das rechte Durchgehen aller leidvollen Ereignisse zeigt. Dann kommt Ostern mit dem Sieg Jesu, der uns auf diesem Siegesweg mitnimmt. In der längeren Trinitatiszeit werden uns die verschiedensten Werte des Christentums erschlossen. Die letzten Sonntage des Kirchenjahres weisen auf die Ewigkeit Gottes hin, in die wir, zusammen mit der ganzen Neuschöpfung, eingehen dürfen. Dann kommt wieder erneut Weihnachten, wobei wir mit unseren Erkenntnissen und Erfahrungen des Glaubens weiter gereift sind und alles auf einer tieferen Stufe weiter geht.

Die Spötter des Christentums verschmähen das Kind Jesu in der Krippe. Sie machen sich darüber lustig. Dazu gibt es viele Darbietungen in Zeitschriften, im Radio und Fernsehen. Die Gegner des Christentums verfolgen dazu die Christen in grausamster Weise, wo das der Staat zulässt, gerade auch in unserer heutigen Zeit, ca. 300.000 Märtyrer jedes Jahr.

Wer sich dagegen der Botschaft von Weihnachten öffnet, der erfährt eine Glückseligkeit, die das ganze Leben erfasst, immer mehr Gestalt annimmt und rechte Früchte trägt. Da kann kommen, was will, diese erfahrenen Werte bleiben bestehen und prägen unseren Alltag. Da geht es nicht mehr um Ämter. Da muss man sich nicht mehr in Scene setzen oder gar durchsetzen. Da bieten sich uns viele Aufgaben, die wir in ganzer Verantwortung wahrnehmen und ausführen. Das geht nur, weil wir um diese wertvollen Lebensinhalte wissen, die wir durch unser gehen zur Krippe anvertraut bekommen. Denn letztlich wird Christus in uns geboren. Einen höheren Lebensschatz, Lebensinhalt gibt es nicht. Das ist das Höchste, das uns anvertraut ist.

Drei herausragende Merkmale von Weihnachten zeigt unser Predigttext: 1) Die Erscheinung Jesu ist das größte Ereignis unserer Welt- und Heilsgeschichte. 2) Gott macht uns selig, glücklich und unbelastet. 3) Gott schenkt uns ewiges Leben.

1) Die Erscheinung Jesu ist das größte Ereignis unserer Welt- und Heilsgeschichte. Das eigentliche Weihnachtsgeschehen vollzieht sich in unseren Herzen. Große Stars und Politiker mischen sich manchmal für ein paar Augenblicke, gut bewacht, unters Volk. Danach sind sie wieder weg. Gott tut das auf die Dauer. Er vertraut sich uns an, auf Dauer. Er kommt uns ganz nahe, auf Dauer. Er lebt mitten unter uns, auf Dauer, ja auf ewig. Jeder Christ erlebt das ganz persönlich. – Christopherus – So dürfen wir Christusträger sein. Wer das erlebt, für den ist das das größte Ereignis seines Lebens. Und dazu weiß er, dass das überhaupt das größte Ereignis in unserer Weltgeschichte darstellt. Deshalb hat das

christliche Abendland die Geburt Jesu als die Zeitenwende eingerichtet, es wurde das Jahr „0". Und wir leben nun 2008 Jahre nach der Geburt Jesu.
Als Johannes d.T. in der Wüste zu taufen beginnt, wurde zu ihm eine kirchliche und staatliche Abordnung gesandt. Johannes musste zu ihnen sagen: Den Messias, den ihr seid Jahrhunderten erwartet, der lebt inzwischen mitten unter euch und ihr kennt ihn nicht. Gott ist da! Er lebt mitten unter uns. Er ist so klein und unscheinbar, so dass man an ihm vorbeistoffeln kann. Haben wir ihn erkannt? Haben wir ihn schon erlebt? Seit Pfingsten im Jahre 33 gibt es die Möglichkeit, dass jeder Mensch Gott erkennen und erleben darf. Deshalb wurde der Heilige Geist über uns ausgegossen. Wann er bei uns persönlich anklopft, das bestimmt Gott. Aber dann bestimmen wir, ob wir dazu bereit sind. Für Maria und Josef war dieser Zeitpunkt neun Monate vor der Geburt Jesu. Und Maria sagte: *Mir geschehe, wie du gesagt hast.* Für die Hirten und für die drei Sternforscher – Weisen – geschah das zum Zeitpunkt der Geburt Jesu. Und sie machten sich auf zum Kinde. Für die Jünger Jesu war es 30 Jahre später, als Jesus sie berief. Und sie ließen alles stehen und folgten Jesus nach. Für Saulus war es der Zeitpunkt vor Damaskus. Und er ließ sich von Ananias segnen und wurde der Paulus, der auch uns heute noch viel zu sagen hat. Irgendwann gibt es auch für uns diesen Zeitpunkt. Wenn wir dann bereit sind und uns öffnen, dann ist das auch für uns das größte Ereignis unseres Lebens. Dann kommt Gott auf Dauer, nicht nur für ein paar Augenblicke, in unsere harte Wirklichkeit. Und wir kommen ins Staunen über sein Reden und Handeln. So erzeigen wir ihm unsere ganze Ehrerbietung und stehen in der Anbetung Gottes.

2) Gott macht uns selig, glücklich und unbelastet. Und das geschieht mitten in der Härte unseres Lebens. In unserem Text steht: *Er macht uns selig durch das Bad der Wiedergeburt und Erneuerung im Heiligen Geist, den er über uns reichlich ausgegossen hat durch Jesus Christus, unseren Heiland.* Man könnte sagen: Der Heilige Geist hat den Schlüssel dazu, um uns die Größen und Herrlichkeiten Gottes zu zeigen und zu öffnen. Und das tut er auch in überwältigen-

der Art und Weise. Das bleibt nicht aus. Dann sind wir wahrhaftig glückselig. Die Härten des Lebens bleiben zwar bestehen, aber sie nehmen uns nicht mehr den Atem des Lebens. Die Härten des Lebens haben nur noch die Aufgabe, dass wir auf dem Boden des Lebens stehen bleiben. So dürfen wir das Alltägliche in rechter Weise bewältigen. Da können Belastungen, harte Anfragen und Beschuldigungen kommen. In unserem Herzen bleibt diese Glückseligkeit bestehen. Sie kann uns nicht mehr geraubt werden. Es steht ja der große und allmächtige Gott hinter uns, der seine beschützende und behütende Hand über uns hält. So erleben wir immer wieder eine positiv überraschende Wende unserer Situation und Lage.

Bei der Geburt des Kindes Jesu ging es damals sehr arm zu. Maria und Josef hatten deshalb bestimmt viele Fragen. Total ungeschützt lag dieses Kind in der Krippe. Aber Gott führte und geleitete alles in rechter Weise. Die Heerscharen der Engel waren unterwegs und erschienen den Hirten. Ja der ganze Kosmos nahm daran Anteil und zeigte den Sternforschern den Weg zur Krippe. Im Gegensatz dazu konnte der grausame Herodes dem Kinde nichts antun, obwohl er das Kind als den Rivalen töten wollte. So ist Gott auch mit uns. Was er mit uns vor hat, das führt er auch hinaus. Da kann kommen, was will, die Vorhaben Gottes kommen zur Ausführung und zur Vollendung. Und sogar noch am Kreuz sagt Jesus: *Es ist vollbracht!* und nicht: *Es ist alles aus!*

So vertrauen auch wir unserem Gott, dass er immer auch Mittel und Wege hat, um uns recht zu führen und zu leiten. Und das stimmt uns allezeit selig, glücklich und frohgemut. Mehr wollen wir nicht und könnten wir auch nie erreichen.

3) Gott schenkt uns ewiges Leben. Darin liegt Hoffnung für heute und morgen, ja für unsere ganze Zukunft. Mit Jesus geht uns der Himmel Gottes auf. Das hat mit Esoterik überhaupt nichts zu tun. Denn gerade mit unserem einfältigen Glauben erleben wir diese herrliche Wirklichkeit des Himmels Gottes. Da-

rin haben die Heiligen, Seligen und Engel Gottes das Sagen, die als die guten Geister das Fest Gottes bereiten.

Nun dafür müssen wir keine Spezialisten sein. Dazu müssen wir in keinster Weise irgendetwas unternehmen. Sondern es genügt uns, dass wir darum wissen. Der Hebräerbrief nennt im 12. Kapitel die Wolke von Zeugen, die uns umgeben. Ich vergleiche das immer gerne mit einem Fußballspiel. Da sitzt nun die Wolke von Zeugen mit dem Trainer Jesu auf der Tribüne. Wir befinden uns auf dem Spielfeld und haben uns auf das Spiel zu konzentrieren, dass es da fair und gerecht zugeht. Und die auf der Tribüne feuern uns an. Wir haben nicht auf die Wolke von Zeugen zu sehen, aber sie sehen auf uns. Eine Ausnahme ist Jesus Christus, der uns die rechten Anweisungen für unser Leben gibt.

Gott schenkt uns ewiges Leben, darin Hoffnung für heute und morgen, ja für unsere ganze Zukunft liegt. D.h. praktizierende Christen sind sehr gute Eltern, Arbeiter, Nachbarn, Gemeindeglieder, Lehrer, Erzieher, Chefs und Politiker. Das ewige Leben hat ja nichts mit einer Fata Morgana zu tun. Denn die Stützen dazu liegen in den 10 Geboten und den vielen Anweisungen der Schrift. Dieser Stand des ewigen Lebens wird uns alleine geschenkt. Den können wir uns nicht verdienen, sondern nur schenken lassen und annehmen. Und doch befähigt uns das gerade zur rechten Bewältigung der alltäglichen Angelegenheiten. Das befreit uns zum Einsatz, zum Wirken und Dienen. In der Bergpredigt steht der markante Satz: Wer als erstes Anliegen nach dem Reich Gottes trachtet, dem gelingt auch sonst das ganze Leben. Und in den Sätzen vor dieser Aussage sind unsere Gelder, Finanzen, Speise, Kleidung, Vorräte, Absicherung, Gesundheit und Schönheit genannt. Das alles bekommt dann seinen rechten Stellenwert. Dies alles dürfen wir in rechter Weise bewältigen. So hat das ewige Leben Gottes sehr viele Auswirkungen auf unseren Alltag, auf unsere Aufgaben und Beziehungen.

Wir dürfen zwar nie die Ewigkeit Gottes auf unsere vergängliche Welt zerren. Das geht nicht. Es gibt eben nicht den Himmel auf Erden. Aber wir sind davon umgeben. Und eine Zweigstelle davon darf in uns sein. Jesus sagte ja einmal: *Das Himmelreich ist inwendig in uns.* Und Paulus sagt es so, dass wir zwar wie Pilger auf den Himmel Gottes unterwegs sind. Aber wir dürfen jetzt schon die Staatsbürgerschaft dazu besitzen. Gott sagt eindeutig, dass diese Erde und alles, was darauf geschieht, vergänglich ist, also nie ewigen Status haben. Aber er zeigt uns dennoch den Weg zum ewigen Leben. Mit unserem Glauben dürfen wir diesen Weg beschreiten und gehen. Viele, viele Erfahrungen und Erlebnisse gibt es auf diesem Weg. Gerade da lernen wir unser Leben lang nie aus. Und das Große daran ist, dass diese damit zusammen-hängende Erlebnisse ewig gültig sind, ewigen Bestand haben, uns nie mehr verloren gehen oder genommen werden können. Was zu unseren Lebzeiten auf alle Fälle gilt und stimmt, ist dieses Umfeld der Wolke von Zeugen Gottes. D.h. wir leben nicht mehr in einem finsteren, dunklen oder dämonischen Umfeld, sondern immer in diesem hellen, freundlichen und seligen Umfeld.

Gott finden wir nicht mit dem Fernrohr, sondern mit unserem Gang zur Krippe. Damit beginnt unsere Glaubensweg mit vielen Reifestationen. Dabei legt Gott seine ganze Freundlichkeit, Menschenliebe, Barmherzigkeit und Gnade in unser Leben hinein. Die Erscheinung Jesu ist für uns das größte Ereignis, das es gibt. Denn nur er macht uns in echter Weise glücklich, selig und unbelastet. Er allein schenkt uns ewiges Leben. Gerade das befähigt uns zur rechten Verantwortung. Und als Dreingabe wird uns schon stückweit der Himmel Gottes geöffnet.

Johannes 14,1-6

" Euer Herz erschrecke nicht! Glaubt an Gott und glaubt an mich! In meines Vaters Hause sind viele Wohnungen. Wenn's nicht so wäre, hätte ich dann zu euch gesagt: Ich gehe hin, euch die Stätte zu bereiten? Und wenn ich hingehe, euch die Stätte zu bereiten, will ich wieder kommen und euch zu mir nehmen, damit ihr seid, wo ich bin. Und wo ich hingehe, den Weg wisst ihr. Spricht zu ihm Thomas: Herr, wir wissen nicht, wo du hingehst; wie können wir den Weg wissen? Jesus spricht zu ihm: Ich bin der Weg und die Wahrheit und das Leben; niemand kommt zum Vater, denn durch mich. "

Auch wir Christen denken am Neujahrstag in besonderer Weise an unsere Zukunft und rechnen mit dem Segen Gottes. Auch uns zwickt immer wieder einmal die Neugierde: Was wird uns das Neue Jahr bringen? Erfüllen sich unsere Vorstellungen und Sehnsüchte? Wird es wieder ein wesentliches Stück weitergehen oder bleibt alles beim Alten? Werden wir Glück oder Pech haben?

Aber es liegt im Dunkeln. Wir können´s nicht wissen, was in diesem Jahr alles auf uns zukommt. In einem Liedvers (EG 530,2) heißt es: *"Es kann vor Nacht leicht anders werden, als es am frühen Morgen war!"* Es könnte plötzlich eine Situation eintreten, in der alles ganz anders aussieht und verläuft. Auch wir Christen werden davon nicht verschont.

Aber eines dürfen wir wissen: Alles, was uns passiert, das muss an Gott vorbei. Wenn er nicht ja sagt, dann juckt es uns nicht einmal. Wir dürfen wissen, dass Gott uns führt und leitet. Nur von ihm kommen unsere Schicksale und Zufälle, auch wenn wir sie nicht, noch nicht verstehen.

Unsere Vergangenheit ist nicht so einfach vorbei, sondern sie prägt gewaltig unsere Gegenwart. Nicht nur unsere Träume werden davon beeinflusst. Unsere ganze Lebensweise gründet sich darauf. Und unsere Gegenwart prägt wiederum unsere Zukunft. Aber weder die Vergangenheit noch unsere Zukunft können wir beeinflussen. Das können wir nur in Bezug auf unsere Gegenwart.

Gerade unsere Jesus-Nachfolge hat es darauf abgesehen. Sie beinhaltet keine passive, sondern eine sehr aktive Gestaltung unseres Lebens und Zusammenlebens. Diese unsere innerste Ausrichtung auf Gott hat sehr viele Auswirkungen auf unseren Alltag.

Versuchen wir auch in diesem Jahr zu unterscheiden, was wir ändern können und damit prägen und gestalten; und was wir nicht ändern können und damit ertragen dürfen, ohne persönlich Schaden zu erleiden. Der Heilige Geist Gottes gibt uns sehr wohl diese Unterscheidungsgabe. Nehmen wir unsere Erfahrungen mit Gott sehr ernst und trödeln wir nicht auf unserem Weg der Nachfolge. Das ist für uns Christen wesentlich. Nehmen wir unsere Zeit im neuen Jahr aus Gottes Hand. Dann bleibt die Zeit nie stehen und wir erleben die großen Aktionen Gottes.

Unser Predigttext zeigt uns drei Werte unseres christlichen Lebens. Alle drei wollen geistlich verstanden sein. 1) Es ist ein ideeller Wert: Mit unserem Glauben haben wir eine ganz besondere Stütze zur Lebensbewältigung. 2) Es ist ein Sachwert: Jesus zeigt uns die Wohnungen Gottes, die für uns bereitstehen. 3) Es ist ein Personenwert: Jesus will als der Weg, die Wahrheit und das Leben die Mitte unseres Lebens sein!

1) Es ist ein ideeller Wert: Mit unserem Glauben haben wir eine ganz besondere Stütze zur Lebensbewältigung. Je inniger und einfältiger wir glauben, desto mehr erleben wir mit Gott. Das ist für uns Christen eine ganz einfache Regel, die nur wir haben und kennen. Damit kommen wir sehr weit. Dieser ideelle Wert kann uns nicht mehr genommen werden und ermöglicht uns ewiggültige Werte. Da lässt sich Gott nie lumpen, auch nicht täuschen.

Als Christen haben wir das einzigartige Vorrecht, im Glauben schon vollen Kontakt mit Gott schließen zu dürfen. Wohl uns, wenn wir diese Gelegenheiten ergreifen und ausnützen. Mit dem Glauben ziehen wir ins Gnadenschloss Gottes ein; eröffnen sich uns die Dimensionen und Größen Gottes. Nur mit dem Glauben sind wir die Neue Kreatur Gottes und werfen wir die Krücken unserer Selbstgerechtigkeit weit weg.

Man kann ruhig einmal sagen: Der Glaube an Gott ist unsere beste Lebensversicherung; natürlich zusätzlich zu unseren nötigen weltlichen Absicherungen. Da kann uns nichts mehr aus der Bahn Gottes werfen. Da können wir getrost und froh unsere Wege gehen, die uns Gott führt und leitet. Da sind wir nie alleine oder im Stich gelassen. Da nehmen wir die Zusagen Gottes ernst. Auch wenn wir manches nicht verstehen, sprechen wir wie Maria: *"Mir geschehe, wie du gesagt hast!"* Seien wir diese Weltmeister in Glaubensangelegenheiten.

Natürlich gibt es verschiedene Reifegrade des Glaubens. Das erste Glaubenserlebnis ist unsere Neugeburt aus Gott. Dann beginnt ein neues Leben, wie bei einem Säugling. Ein junger Christ hält nichts vom Leiden. Er will sich zuerst einmal das Leben erobern und das Neue Leben genießen. Und das ist auch richtig so. Es kommt dann von selbst die Zeit, in der er Verantwortung übernehmen will. Dann kommen automatisch auch die Nöte, Schwierigkeiten und Leiden auf ihn zu. Das ist normal. Seine Aufgabe besteht dann darin, in Verantwortung und im Zutrauen zu Gott das alles zu bewältigen und nicht vor sich herzuschieben oder gar zur Seite zu schieben. Es tut wohl, hier Menschen zu erleben, die im einfältigen Glauben das tun. Und es tut weh, wenn hier welche nicht ihre Verantwortung wahrnehmen.

Mit diesem ideellen Wert unseres Glaubens haben wir zur Lebensbewältigung eine ganz besondere Stütze.

2) Als Sachwert zeigt uns Jesus die Wohnungen Gottes, die für uns bereitstehen. Es ist kein Sachwert irdischer, sondern geistlicher Art. Je mehr unser Leben ein Kreuz ist, umso mehr leuchten uns die Zusagen Gottes. Nur des Menschen Übermut begibt sich auf das Glatteis des Lebens, das an vielen Stellen einzubrechen droht. Was hier mit Wohnung Gottes bezeichnet wird, damit ist unsere Heimat bei Gott gemeint, unser Zuhause sein bei Gott.

Unser gesamtes geistliches Leben darf ein Stückwerk dieser himmlischen Heimat sein. Jeder Gedanke, den wir haben; jedes Wort, das wir sprechen; und jede Handlung, die wir vollziehen, prägt unsere Ewigkeit. Denken wir da als Beispiel an die Herstellung einer Kirchenglocke. Während unserer Lebzeiten auf dieser Erde wird die Glockenform geprägt, Alles gräbt sich darin ein. Wie tut es uns Christen gut, dass wir die Beichte und das Abendmahl kennen. Denn dadurch werden alle negativen Erlebnisse, alle schuldhaften Geschehen ausgemerzt und graben sich nicht in diese Glockenform ein. Unser Tod ist dann der Glockenguss. Die Form wird zerschlagen und die endgültige Glocke steht da und läutet zur Ehre Gottes. So ähnlich müssen wir uns diese neuen Wohnungen Gottes vorstellen. Wenn wir sagen: Heute schon dürfen wir darin Zuhause sein, dann ist gemeint, dass - natürlich allein aus Gnade - wir heute schon an unserer herrlichen Zukunft beteiligt sind und wir darum wissen. Mit dem Tod ist dann nicht alles aus, sondern sind wir Zuhause!

Wer das für eine selbstverständliche Tat Gottes hält, die Gott zu erbringen hat, der wird sehr schnell zu einem undankbaren und kritischen Menschen, der an den Führungen Gottes vorbei stoffelt und sich sogar diese Zukunft Gottes verdirbt. Wer dagegen täglich da rüber staunen kann, was Gott alles für ihn tut, der wird zu einem sehr dankbaren Menschen, durch den Gott sehr viel tun kann.

Gehen wir freudig die Wege, die uns Gott zu gehen heißt. Denn es darf dabei das Gute, das Wohlgefällige und Freudvolle unseren Alltag prägen und dazu unsere Ewigkeit bereiten. Schmollende und beleidigte Christen sollten wir nie sein. Denn jeder hat von Gott seinen ganz speziellen Wert bekommen.

Bei Gott ist viel Platz. Da gibt es keine Enge und Begrenztheit oder gar Ausgrenzung. Die Neue Stadt Jerusalem, der Neue Tempel Gottes ist etwas sehr Großes, Lebendiges, Originelles und Ewiges. Sie ist das Einzige, das Zukunft hat. Wer da Zuhause ist, der wird selbst zur Behausung Gottes, zur Wohnung Gottes im Geist. Dann ist uns das alles nicht mehr fremd, sondern sehr geläufig. Diesen geistlichen Sachwert der Wohnungen Gottes, die für uns bereitstehen, will uns Jesus vermitteln.

3) Jesus ist für uns der geistliche Personenwert. Er ist "der" Weg, "die" Wahrheit und "das" Leben. Manche von uns bekommen vielleicht hautnah den Streit unserer Kirchen mit, ob Mission überhaupt noch nötig ist. Es gibt viele, die diese Aussage Jesu verwässern. Sie sagen dann: Jesus ist "ein" Weg; "eine" von vielen Wahrheiten, und "ein" gangbarer Weg zum Leben Gottes, die anderen Religionen stellen auch einen Weg zu diesem Leben dar. Johannes warnt am Schluss seiner Offenbarung davor, zu der Botschaft Jesu etwas dazuzutun oder etwas wegzunehmen. So wollen wir auch diese Aussage Jesu ernst nehmen. Es ist eines der sieben "Ich-Bin-Worte" Jesu.

Das Ziel ist klar: die Wohnungen Gottes. Wie sieht nun der Weg zu diesem Ziel aus? Es ist einzig und allein unsere lebendige Beziehung zu Jesus Christus. Jesus kommt nicht nur am Jüngsten Tag auf diese Erde zurück. Sondern er kommt bei jeder Generation neu in das Leben der Einzelnen, die ihm nachfolgen wollen.

Er gibt uns sehr viele Gaben, aber der Geber der Gaben ist wichtiger als die Gaben selbst. Es gibt viele, viele Möglichkeiten, um mit Jesus Christus Kontakt zu haben und zu pflegen. Zuerst einmal sind die Gottesdienste gemeint, Bibellese, Gebet und Abendmahl. Aber dann ist auch unser Alltag gemeint. Jesus selbst sagt (Matthäus 25): *Was ihr einem von diesen meinen geringsten Brüdern getan habt, das habt ihr mir getan!*

Es sind die Beziehungen unseres Lebens gemeint, wo Paulus sagt (Galater 1,16): *Da besprach ich mich nicht mit Fleisch und Blut!* Hier spielt sich etwas alleine zwischen mir und Jesus Christus ab. Das ist ja das Große an Jesus Christus, dass er die Möglichkeit und den Überblick hat, zu jedem Einzelnen eine Verbindung aufbauen zu können, wenn es der Einzelne zulässt. Offenbarung 3,20: *Siehe, ich stehe vor der Tür und klopfe an. Wer meine Stimme hören und die Tür auftun wird, zu dem werde ich einkehren!*

Jesus ist keine Größe dieser Welt, aber unsere Beziehung zu ihm hat sehr viele Auswirkungen auf diese Welt. Nur wenn unsere Beziehung zu ihm vorrangig ist, dann klappen auch einigermaßen unsere weltlichen, menschlichen Beziehungen. Das wird auch deutlich in den Geboten und im Vaterunser. Die ersten drei Gebote handeln von unsrer Beziehung zu Gott, die restlichen von unseren menschlichen Beziehungen. Die ersten drei Bitten im Vaterunser handeln von den Anliegen Gottes, die restlichen vier Bitten von unseren Anliegen. Wenn diese Reihenfolge in unserem Leben und Alltag klar ist, dann kann eigentlich nichts mehr schief gehen, so schief uns auch unsere Welt vorkommt. Matthäus 6,33: *Trachtet zuerst nach dem Reich Gottes und nach seiner Gerechtigkeit, so wird euch alles andere von Gott zufallen.* Das sind die Zufälle und Schicksale Gottes, die es nur gut mit uns meinen. Pfuschen wir Gott nicht so viel dazwischen, sondern praktizieren wir diese lebendige Beziehung zu Jesus Christus. Dann wissen wir um "den" Weg, um "die" Wahrheit und um "das" Leben. Dann müssen wir nicht mehr so viel diskutieren und problematisieren. Dann ist uns das alles klar und eindeutig, was für unser momentanes Leben wichtig ist. Dann wissen wir um den nächsten Schritt, den wir zu gehen haben, ohne dass wir irgendetwas anderes vernachlässigen. Jesus zeigt und führt uns einen sehr umsichtigen, klaren und verantwortungsbewussten Weg. Es kommt weniger auf eine fromme Haltung an, als dieses Verwurzelt sein in Jesus Christus. Er lässt uns dann nie alleine abstrampeln, sondern er ist immer da und gegenwärtig. Er ist unsere Allround- Größe in Bezug auf alle unsere Lebensfragen und -Anliegen. Diesen Personenwert in Jesus Christus lassen wir uns nicht mehr nehmen.

Wenn wir diesen drei Werten unseres geistlichen Lebens leben: Glaube, Heimat bei Gott und Leben mit Jesus Christus; dann können wir auch voll Zuversicht in dieses Neue Jahr gehen. Jeder Tag im neuen Jahr hat seine ganz spezielle Bedeutung, auch wenn es um ganz alltägliche Dinge geht. Lassen wir uns die Augen und Ohren für die Gelegenheiten Gottes öffnen. Der verborgene Gott will ins Tageslicht unseres Lebens treten, uns reich beschenken und unser Leben lebenswert machen.

Matthäus 2,1-12

Die Weisen aus dem Morgenland:

„ Als Jesus geboren war in Bethlehem in Judäa zur Zeit des Königs Herodes, siehe, da kamen Weise aus dem Morgenland nach Jerusalem und sprachen: Wo ist der neugeborene König der Juden? Wir haben seinen Stern gesehen im Morgenland und sind gekommen, ihn anzubeten. Als das der König Herodes hörte, erschraken er und mit ihm ganz Jerusalem, und er ließ zusammenkommen alle Hohepriester und Schriftgelehrten des Volkes und erforschte von ihnen, wo der Christus geboren werden sollte. Und sie sagten ihm: In Bethlehem in Judäa; denn so steht geschrieben durch den Propheten (Micha 5,1): »Und du, Bethlehem im jüdischen Lande, bist keineswegs die kleinste unter den Städten in Juda; denn aus dir wird kommen der Fürst, der mein Volk Israel weiden soll.« Da rief Herodes die Weisen heimlich zu sich und erkundete genau von ihnen, wann der Stern erschienen wäre, und schickte sie nach Bethlehem und sprach: Zieht hin und forscht fleißig nach dem Kindlein; und wenn ihr's findet, so sagt mir's wieder, dass auch ich komme und es anbete. Als sie nun den König gehört hatten, zogen sie hin. Und siehe, der Stern, den sie im Morgenland gesehen hatten, ging vor ihnen her, bis er über dem Ort stand, wo das Kindlein war. Als sie den Stern sahen, wurden sie hoch erfreut und gingen in das Haus und fanden das Kindlein mit Maria, seiner Mutter, und fielen nieder und beteten es an und taten ihre Schätze auf und schenkten ihm Gold, Weihrauch und Myrrhe. Und Gott befahl ihnen im Traum, nicht wieder zu Herodes zurückzukehren; und sie zogen auf einem andern Weg wieder in ihr Land. "

Haben wir uns schon einmal näher überlegt, warum wir zu Weihnachten Strohsterne und andere Sterne aufhängen?!! Darauf gibt unser Predigttext eine Antwort. Jesus, das Kind in der Krippe, ist gleichzeitig der helle Morgenstern. Mit seinem Kommen erleben wir die Sternstunde unserer Menschheit.

In meiner Jugendzeit gab es einen Schlager mit dem Kehrvers: *Du bist der Stern in der Nacht und lässt mir keine Ruh, denn ich liebe dich.* Jeder Christ kann das auf Jesus beziehen: *Du bist der Stern in der Nacht und lässt mir keine Ruh, denn ich liebe dich!* Deswegen hängen wir zu Weihnachten auch Sterne auf. Wer Großes erleben will, der wage dieses Leben mit Jesus Christus. Das wird er sein Leben lang nicht bereuen, denn noch Größeres gibt es nicht. Aber das erkennen natürlich nur die Insider. Alle anderen stoffeln daran vorbei.

Gott setzt Welten in Bewegung, wenn es zur Ausführung seines Planes nötig ist. Darüber müssen wir uns keine Gedanken machen. Das tut schon Gott selbst. Unsere Aufgabe besteht darin, ihm zu vertrauen, seine Stimme und seine Zeichen zu erkennen und wahrzunehmen, uns aufzumachen, uns seinem Geheimnis zu öffnen, ihn anzubeten und unsere ganze Ehrerbietung zu bringen. Damit haben wir genügend zu tun, lernen wir unser Leben lang nicht aus und kommen wir nie an ein Ende.

Wenn wir so leben, dann sind wir von seinem Handeln allezeit die Überwältigten. Denn Gott gibt uns so reichlich, so viel und so großzügig, sodass wir wahrhaftig allezeit die Dankbaren sind, die aus seiner Fülle Gnade um Gnade schöpfen. Auch wenn dabei vieles rein äußerlich so unscheinbar und kümmerlich ist, so ist es für uns doch die große Bewegung Gottes, in die er uns mit hineinnimmt und wir mitten dabei sein dürfen. Das verleiht uns innerlich Flügel für unsere alltäglichen Aufgaben. Da wird uns nichts zu schwer oder zu viel. Da geht uns alles leicht von der Hand. Das ist das Große und Herrliche unserer Jesus Nachfolge.

Jeder Christ hat seine eigenen Erlebnisse mit Jesus Christus. Das macht ja sein Christsein aus. So ist für ihn Jesus der helle Morgenstern. Er erlebt die Sternstunde seines Menschseins. Der Höchste, der Allmächtige und Allgütige betritt sein Leben und lässt sich bei ihm nieder. Jesus wird zum Mittelpunkt seines gesamten Lebens und Wirkens. Das wertet sein Leben enorm auf. Einen höheren Lebensinhalt gibt es nicht. So wie das damals die Weisen aus dem Morgenland erlebten, erleben das auch wir heute in unserer Zeit.

Die Weisen zeigen uns dreierlei: 1) Wir lesen in rechter Weise die Zeichen der Zeit. 2) Wir sind zum Aufbruch bereit und scheuen keine Mühen. 3) Wir öffnen uns diesem Geheimnis und hängen es nicht an die große Glocke.

1) Wir lesen in rechter Weise die Zeichen der Zeit. Wer aufmerksam durchs Leben geht, der weiß um die rechte Deutung der Zeichen der Zeit. Wir werden zwar von vielen Erlebnissen überrascht. Aber bei manchen Geschehen werden wir vorgewarnt; oder besser gesagt: mit der Nase darauf gestupst, dass wir es recht verstehen, ausnützen und gebrauchen. Es passiert täglich so vieles im Kleinen und im Großen. Dabei schenkt uns Gott offene Augen und Ohren, auch ein offenes Herz, sodass wir seine Spuren und Handlungen entdecken dürfen und können. Jeder Christ darf das für seinen ganz persönlichen Bereich erfahren und erleben.

Wie viele Mühe wird es Gott gekostet haben, dass die Geburt des Messias in die Lehre der Sterndeuter vom Zweistromland einging. Ob er dazu Daniel mit seinen drei Freunden benutzte, die etliche Jahrhunderte vorher als Gelehrte in Babylon lebten? Da war es für Gott schon einfacher durch seinen Propheten Micha anzukündigen, dass dieser Messias in Bethlehem geboren werden wird. Diese Auskunft bekamen ja die drei Weisen in Jerusalem. Dieselbe Mühe macht sich Gott immer und immer wieder. Deshalb kann Paulus in Römer 1,19 ff sagen: *Was man von Gott erkennen kann, hat uns Gott offenbart, denn Gottes unsichtbares Wesen, das ist seine ewige Kraft und Gottheit, wird seit der Schöpfung der Welt ersehen an seinen Werken, wenn man sie wahrnimmt. Da wird man einmal keine Entschuldigung haben.*

Diese Mühe Gottes, die Bemühungen Gottes erkannten die Weisen auf dreierlei Weise. Zuerst geschah dies in ihrem Beruf der Sternenforschung. Das gibt uns zwar viele Rätsel auf, aber es war so. Zweitens geschah dies über das Wort Gottes in Jerusalem. Für uns ist das heute das wichtigste Erkennungsmerkmal für Gott. Auch die Weisen wären ohne diese Weisung nicht weiter gekommen. Und drittens geschah es über den Traum, mit dem ihnen Gott einen anderen Rückweg zeigte. So gibt es viele, viele Arten, auf die Gott mit uns reden kann und das auch tut. Erkennen wir das in unserem Leben? Können wir die Zeichen Gottes in unserer Zeit für unsere Situation lesen? Menschen können uns täuschen, Gott aber tut das nicht!

2) Wir sind zum Aufbruch bereit und scheuen keine Mühen. Solche Bereitschaft hat sehr viele Folgen für unser alltägliches Leben. Maria und Josef waren bereit zur Geburt und Heimatstätte für Jesus. Die Hirten waren bereit, in der Nacht nach Bethlehem zu gehen. Die Weisen waren bereit, diesen weiten Weg auf sich zu nehmen. Sie scheuten keine Mühen. Später waren es die Jünger, die mit auf die Wanderschaft Jesu gingen. Zu allen Zeiten ist das wesentlich, wenn wir mit Gott etwas erleben wollen. Diese unsere innere Bereitschaft hat für unser äußeres Leben sehr viele Folgen.

Deswegen nützt uns Gott nicht schofel aus. Sondern das beflügelt und belebt unseren Alltag. Er nimmt uns damit in sein königliches Handeln mit hinein. Er zeigt uns zur rechten Zeit, wo und wie es weiter geht. Für uns ist es ein großes Vorrecht, dass er uns als seine Boten und Zeugen benützt und gebraucht.

Man könnte sagen: Für uns ist jeder Morgen ein neuer Aufbruch, der sich lohnt und auszahlt. Was vor uns liegt und was von uns verlangt wird, ist wichtig. Darauf konzentrieren wir uns, denn auch hierbei leitet uns Gott. Er gibt uns den Auftrag dazu und schenkt uns auch das Gelingen. Mit der Zeit erfahren wir wahrhaftig, dass uns Gott den Raum zuteilt und die Zeit einteilt. Er führt uns in die Aufgaben, die momentan wesentlich sind. Und er schenkt es, dass wir das nötige Rüstzeug dazu haben. Er gibt uns die Kraft und die Gesundheit; die Menschen, die wir dazu benötigen; die Finanzen, dass es auch zu leisten und zu Ende zu führen ist. Um all das kümmert sich Gott. So ist es für uns selbstverständlich, dass wir uns in das von Gott Gegebene einklinken, einwilligen, Ja sagen und uns auf den Weg machen. So gelingt uns das tägliche Leben und wir sind mit einem fröhlichen Herzen dabei. Auch wenn unser Umfeld noch so gottlos wäre, was uns natürlich sehr traurig stimmt, so darf das dennoch unser persönliches Leben nicht belasten. Wir leben im gottbehüteten Raum.

3) Wir öffnen uns diesem Geheimnis und hängen es nicht an die große Glocke. Für die drei Weisen hatten sich die Mühen gelohnt. Sie kommen in Bethlehem an, finden dieses Kind, bringen ihre Geschenke und beten es an. Sie erlebten das Ganze zwar total anders, als sie es erwartet hatten, aber sie zweifelten nicht und zeigten ihre ganze Ehrerbietung.

Zuerst hofften sie, dieses Kind im Jerusalemer Palast zu finden. Aber da belehrte sie Gott eines Besseren. Und sie hatten es ziemlich schnell kapiert, vor allem deshalb, weil die Gelehrten Israels ihnen den Weg gewiesen hatten und weil dann der Stern wieder erschien, der sie weiter führte und damit die Aussagen der Gelehrten bestätigte. 30 Jahre später hofften die Jünger Jesu, dass ihr Meister sichtbar das Reich Gottes aufbaut. Und Jesus hatte große Mühe, sie eines Besseren zu belehren, dass er nur durchs Kreuz sie erlösen kann. Wie oft erleben auch wir es, dass uns Jesus eines Besseren belehren muss. Oft zerplatzen unsere Vorstellungen wie eine Seifenblase. Aber deshalb ist das Reich Gottes nicht dem Untergang geweiht. Wenn wir dran bleiben, werden wir schon recht geführt und geleitet. Gott korrigiert sehr behutsam unsere Vorstellungen und wir dürfen ans rechte Ziel kommen. So ist unsere Nachfolge kein Irrweg, sondern der rechte Weg, trotz allem, das dagegen steht.

Hinter diesem ganzen Bericht steht auch die Tatsache, dass Gott nicht durch die Größen in Staat und Kirche handelt; dass er keine Massenbewegungen ins Leben ruft; dass er nicht in den Massenmedien zu finden ist. Sondern bei ihm geht es ganz schlicht und einfach zu. Ja sein Handeln geschieht ganz im Verborgenen. Nur hier und da, an ganz unscheinbaren Stellen für die allgemeine Öffentlichkeit, tritt sein Geheimnis an die Oberfläche. Und da hat dies dann sehr vieles zu sagen und zu bedeuten. So hörten zwar Herodes und der Hohepriester etwas von der Geburt des neugeborenen Königs der Juden. Aber sie nahmen dies nicht ernst. Sie taten es als unwahr und als Spinnerei ab. Und Herodes wollte aus Vorsorge sogar dieses Kind töten lassen. Dies brachte nur 30 Jahre später der amtierende Hohepriester fertig, was dem Herodes nicht gelang. Aber inzwischen war die Neuschöpfung Gottes angelaufen und konnte nicht mehr gestoppt werden. Gott führt eben allezeit seine Neuschöpfung weiter und einmal auch zur Vollendung. Und jeder, der sich ihm öffnet, darf mitten dabei sein.

Gottes Geheimnis bleibt ein Geheimnis, aber es darf zu meinem ganz persönlichen Geheimnis werden. Alle Bemühungen, das zu beweisen, gelingen nicht. Alle Machtanstrengungen, um Gott unter die Arme zu greifen, dass er doch endlich etwas tut, gehen ins Leere. Da hilft keine Trickserei, keine List, kein Machtwort, keine Manipulation und kein Sich- In- Szene- Setzen. Wer das tut, erlebt nur das Schweigen Gottes. Als Jesus 30 Jahre später vor Pilatus hart verklagt wurde, da schwieg Jesus. Nur als Pilatus Jesus persönlich fragte, bekam er eine Antwort von ihm. Da kann Gott mit seinem Schweigen sehr hart sein. Das gilt auch genauso in unserer heutigen Zeit. Wer sich groß auftut und aufbaut, erfährt nicht das Handeln Gottes. Da schweigt Gott.

Aber wer sich dem Geheimnis Gottes öffnet und sich durch nichts, auch nicht von den Größen abhalten lässt, der ist mitten beim Werk Gottes dabei. Der lebt wahrhaftig als ein Kind Gottes. Der weiß sich bei Gott daheim. Er gehört zu den Hausgenossen Gottes. Er darf dabei einen wesentlichen Auftrag wahrnehmen, wodurch Gott sein Reich, seine Neuschöpfung weiter baut. Das darf uns allezeit bewusst sein. Das wertet unseren Alltag gewaltig auf.

Deshalb hängen wir zu Weihnachten Sterne auf. Denn Jesus, als der helle Morgenstern, leuchtet in unser Leben herein. Mit ihm erleben wir die Sternstunde unseres Menschseins. So können wir auch diesen alten Schlager mitsingen: *Du bist der Stern in der Nacht und lässt mir keine Ruh, denn ich liebe dich.* Der Höchste, der Allmächtige und Allgütige nistet sich in unser Leben ein. Er wird zu unserem Mittelpunkt. Und das wertet unser Leben gewaltig auf.

Kolosser 1,24-27

Das Amt des Apostels unter den Heiden:

„ Nun freue ich mich in den Leiden, die ich für euch leide, und erstatte an meinem Fleisch, was an den Leiden Christi noch fehlt, für seinen Leib, das ist die Gemeinde. Ihr Diener bin ich geworden durch das Amt, das Gott mir gegeben hat, dass ich euch sein Wort reichlich predigen soll, nämlich das Geheimnis, das verborgen war seit ewigen Zeiten und Geschlechtern, nun aber ist es offenbart seinen Heiligen, denen Gott kundtun wollte, was der herrliche Reichtum dieses Geheimnisses unter den Heiden ist, nämlich Christus in euch, die Hoffnung der Herrlichkeit. "

Bei Gott gelten total andere Lebenswerte, als sie normalerweise erstrebt und gelebt werden. Und doch geben sie uns wesentlich mehr als das, das wir ohne Gott bekommen könnten. Nehmen wir dazu als Beispiel, was hier am Anfang genannt ist: *Ich freue mich in den Leiden, die ich für euch leide!* Wenn in dieser Art und Weise eine Werbeagentur für eine Firma wirbt: „Komme zu uns, dann lernst du das Leiden!" Solch eine Firma kann gleich Konkurs anmelden, bevor sie überhaupt in Schwung kommt. Das ist also undenkbar, total falsch und irrsinnig. Aber Paulus wirbt so für die Gemeinde in Kolossä. Er spricht in unserem Text von den Heiligen, von dem Geheimnis der Herrlichkeit Gottes, von einem herrlichen Reichtum, von der einzig wahren Hoffnung, ja von der Offenbarung Gottes in unserem ganz persönlichen Leben, von Epiphanias, von der Erscheinung Christi unter uns. Und er betont dabei, dass dies über das Leiden geht; dass er sich persönlich freut, solche Leiden zu haben, und dass auch dies für die gesamte Gemeinde, für den Leib Christi gilt. Normalerweise ist das verrückt, aber doch für die Gemeinde wahr, die im Glauben an Jesus Christus steht.

Wenn man mit offenen Augen durchs Leben geht, kann man das aber doch stückweit begreifen und akzeptieren. In einer echten Familie halten die Eltern sehr vieles aus und setzen auch sehr vieles ein, auch sehr viel Herzblut, damit sich die Kinder recht entwickeln und heran wachsen können. Dasselbe kann man auch für die Lehrer und Ausbilder nennen. – In der Natur muss jede Pflanze und jedes Tier sehr viel erleiden und aushalten, um bestehen und sich fortpflanzen zu können. Da ist es oft sogar sehr hart, da gibt es harte Lebensgesetze, um sich zu bewähren. Da gehören Leiden und Bestand haben sehr eng zusammen.

So kann man allgemein sagen: Was sich recht entwickeln will, muss etwas aushalten. Da muss man auch einmal Schicksalsschläge einstecken können. Da sagt man: „Was mich nicht umbringt, das macht mich stark.“ Oder: Es geht um den Aufbruch unseres Lebens, auch wenn zuvor ein Zerbruch stattgefunden hatte.

Aber bei Gott bekommt das noch einmal eine andere Bedeutung. Da geht es nicht um eine brutale Härte, sondern um praktizierte Barmherzigkeit. Da wird nicht der belohnt, der sich durchsetzen kann, sondern der, der zu Jesus Christus ein großes Vertrauen aufbringt. Deshalb heißt es, 2. Korinther 12,9: *Meine Kraft ist in den Schwachen mächtig!* Da sind die Leiden nicht unsere Schwächen, sondern bewirken die Stärken, die uns Gott vermittelt. Jesus sagt, Matthäus 10,39: *Wer sein Leben findet, der wird's verlieren; und wer sein Leben um meinetwillen und um der Evangeliums willen verliert, der wird's finden.*

Um dieses Thema noch besser zu verstehen, wollen wir bedenken: 1) Leiden sind Kennzeichen der Gemeinde. 2) Das Ziel davon ist die Erscheinung Jesu unter uns. 3) Uns wird die Hoffnung der Herrlichkeit Gottes geschenkt.

1) Leiden sind Kennzeichen der Gemeinde. Das hat nun nichts mit irgendeiner Art von Wehleidigkeit oder Selbstmitleid zu tun. Oft hat das Leiden für uns einen negativen Klang. Aber Paulus gibt ihm einen positiven Inhalt: *Ich „freue“ mich in den Leiden, die ich für euch leide.* Deswegen soll das Leiden nicht glorifiziert werden. Deswegen werden wir nicht leidenssüchtig. Für die richtige Art des Leidens können wir z.B. die Lebens- und Wirkensweise Jesu betrachten. Er führte kein bequemes Leben, sondern er setzte sich für die Menschen ein, für ihre Nöte, Ängste und Gottesferne. Er war darauf bedacht, alles zum Guten zu

führen. Da brachte er viel Geduld und Ausdauer auf. Als Jesus dem Saulus vor Damaskus begegnete, sagte Jesus zum Hananias in Bezug auf Paulus, Apostelgeschichte 9,16: *Ich will ihm zeigen, wie viel er leiden muss um meines Namens willen!* Nach vielen, vielen Jahren sagt dann Paulus selbst: *Ich freue mich über die Leiden, die ich für euch leide und erstatte an meinem Fleisch, was den Leiden Christi noch fehlt.* Er ist um des Evangeliums willen bereit, auch leidvolle Verhältnisse zu durchgehen und zu durchstehen, damit das Evangelium weiter getragen wird.

Das Wort Zeugnis kommt von dem Wort Martyria, Martyrium. Damit bewähren wir uns in unserem Christsein und Glauben. Damit sind wir voll für Christus und sein Evangelium verfügbar und verpflichtet. Da bringt uns nichts aus der Fassung.

In einem alten Lied heißt es, EKG 305,2: *Unter Leiden prägt der Meister, in die Herzen, in die Geister, sein allgeltend Bildnis ein.* Und Eva von Thiele Winkler sagte: *Es geht nicht darum, dass wir dem Leiden entgehen, sondern dass es seinen Sinn und Zweck erreicht.* Der Hebräerbrief sagt, 12,5f: *Mein Sohn, achte nicht gering die Erziehung des Herrn und verzage nicht, wenn du von ihm gestraft wirst. Denn wen der Herr lieb hat, den züchtigt er, und er schlägt jeden Sohn, den er annimmt.* Jede Erziehung hat den Sinn, dass etwas besser werden kann und darf.

So könnte man zuerst einmal zwei Gründe für das rechte Leiden nennen: Es dient meiner persönlichen Erziehung, dass ich auf dem rechten Weg bleibe. Und es dient dazu, dass wir Boten Gottes für seine Liebe und Barmherzigkeit in dieser Welt sind und bleiben. Seien wir da nie leidensscheu, sondern leidenswillig, wenn dies dazu nötig ist. Echte Leiden verhelfen uns dazu, dass wir mit einer demütigen Haltung in der Nachfolge Christi bleiben. Man gibt eben sein Äußerstes für dieses Höchste. Das Gemeinwohl steht über dem eigenen Wohl. So sind die Leiden das Kennzeichen der Gemeinde.

2) Es wird noch ein dritter Grund für das rechte Leiden genannt: Das Ziel davon ist die Erscheinung Jesu unter uns – Epiphanias! Davon handeln die meisten Verse unseres Textes. Diese Erscheinung Jesu ist unter uns „das“ Weltereignis Nr. 1. Natürlich erkennen das nur die Christen, so wie es Paulus vor Damaskus erlebte. Gott bringt viel Arbeit und Geduld auf, dass noch viele Menschen darauf stoßen. Bei jeder Generation neu setzt er sich ganz ein, und das nun schon seit Jahrtausenden. Auch wir Christen geben uns dafür her, dass noch viele Christus als ihren persönlichen Herrn annehmen und auf diesem Weg bleiben.

Mit der Erscheinung Jesu in unserem Leben wird uns eine neue, bessere Lebensqualität geschenkt. Da wird wahrhaftig alles neu. Da wächst und reift in uns ein total neues Leben. Paulus sagt hier: *Ich predige euch reichlich das Wort Christi. Dieses Geheimnis, das seit ewigen Zeiten und Geschlechtern verborgen war, ist nun seinen Heiligen offenbart.* Ganz kurz gesagt: Gott und wir bringen viel Geduld und Liebe auf, dass wir Menschen lebendige Erlebnisse mit Jesus haben, dass darauf unsere Nase gestoßen wird, dass diese Beziehung nie mehr abreißt und uns lieb und wert ist, dass wir ihn nie mehr vermissen möchten.

Epiphanias, Erscheinung Jesu: Er ist und bleibt die Mitte unseres Lebens und Wirkens. Hier haben wir das wahre Glück gefunden, das wahre Leben, eine andauernde Freude und Wonne. Dieses Lebensglück bestimmt nicht nur unser irdisches Leben, sondern wird ins Unendliche gesteigert und prägt damit unsere ganze Ewigkeit. Das ganze Lebenswerk des Paulus diente dieser Erscheinung Jesu. Dafür wirkte und litt er. Die ganze Kirchengeschichte bis herein in unsere Zeit und auch darüber hinaus dient der Erscheinung Jesu, auch dieses Jahr 2012. Eine noch höhere, größere und wichtigere Botschaft gibt es nicht. Alles andere ist dem untergeordnet. Gott will bei dem einzelnen Menschen Einkehr halten, zu ihm kommen, dessen Leben mit seinem Licht durchfluten, ihm Erleuchtungen und selige Erkenntnisse schenken und zukommen lassen. Mit Christus kommt das uns Menschen ursprünglich zugedachte Leben zu uns zurück. Da finden wir zu dem, das sich Gott über uns erwählt und erdacht hat. Wenn wir uns dem öffnen, dann tun wir etwas ganz Besonderes und Wichtiges, obwohl dann Gott die

Hauptarbeit in uns vollbringt. So ist dieses dritte Ziel des rechten Leidens die Erscheinung Jesu in uns und durch uns.

3) Uns wird die Hoffnung der Herrlichkeit Gotts geschenkt. Das ist der letzte Satz unseres Predigttextes. Damit wird das näher bezeichnet, was die Erscheinung Jesu in uns bewirkt. Ein Bibelübersetzer hat das Wort Hoffnung übersetzt mit: „Über den Horizont hinaus schauen!“ Deswegen entfliehen wir nicht unserem Alltag, aber wir schauen darüber hinaus in die Herrlichkeit Gottes. Und da dürfen wir überwältigende Erlebnisse haben. Paulus bezeugt in 2. Korinther 12,4: Ich wurde in das Paradies entrückt und hörte unaussprechliche Worte, die kein Mensch sagen kann! Solche Erlebnisse kann nur jeder Christ für sich selbst erleben. Sie sind so groß und überwältigend, dass man sie nicht mit menschlichen Worten beschreiben kann, auch wenn man das möchte. Aber man kann jeden Menschen raten, dies selbst auszuprobieren, sich selbst diesen Begegnungen mit Jesus hinzugeben. Dann bleiben auch bei ihm solche Erlebnisse nicht aus. Da bahnt sich wahrhaftig eine total neue Lebensqualität an, bei der uns Gott seine große Herrlichkeit zeigt, die hinter unserer Lebensbühne vorhanden ist. Es gibt diese göttliche Lebensfülle, Wunderkraft und Lichtglanz, diese Doxa, die Herrlichkeit Gottes. Da sind unsere Leiden ein Klacks dagegen. Sie sind natürlich vorhanden, aber genauso vorhanden ist diese Herrlichkeit Gottes, die unsere Leiden weit übersteigen und übertreffen. Deswegen kann die Bibel sagen: *Unsere Leiden währen nur 10 Tage, die Herrlichkeit Gottes aber eine Ewigkeit.* Das ist auch der Grund dafür, dass uns Gott eine ungeheuer große Lebenskraft schenkt und vermittelt. Alles bekommt seinen rechten Sinn und Inhalt. Nichts tun und durchleben wir umsonst. Das sind die Lebenserfahrungen der Nachfolger Christi. Jeder bekommt hierzu seine ganz persönliche Chance, die er ergreifen und ausleben darf und kann. Nur er selbst kann sich da im Wege stehen, aber kein anderer und keine noch so schlechte Lebenssituation. Jesus Christus eröffnet und ermöglicht uns das, was zurzeit nötig und dran ist. Da müssen wir selbst nicht arrangieren, sondern uns lediglich ganz öffnen. Dann kommen wir von ei-

ner Klarheit zur anderen und von einer Herrlichkeit zur anderen. Da sind wir von den Möglichkeiten Gottes fasziniert. Da finden wir wahre Erfüllung, Freude und wahres Glück. Da werden uns wahrhaftig alle unsere Tränen, die natürlich vorhanden sind, immer wieder getrocknet. Und wir können die Worte des Psalmisten nachsprechen, Psalm 126,5f: *Die mit Tränen säen, werden mit Freuden ernten, Sie gehen hin und weinen und streuen ihren Samen und kommen mit Freuden und bringen ihre Garben.* So ist uns die Herrlichkeit Gottes nicht mehr fremd, keine Utopie, sondern erlebbare Realität. Diese Erlebnisse sind Geschenke Gottes, die wir annehmen und die uns volles Genüge vermitteln. Was wir zum erfüllten Leben brauchen, wird uns dabei gegeben. So erzeigt sich uns Gott als eine Größe, die nicht mehr übertroffen werden kann. Wir schauen über unseren Lebenshorizont hinaus. Uns wird die Hoffnung der Herrlichkeit Gottes geschenkt.

So gelten bei Gott total andere Lebenswerte, als sie normalerweise erstrebt und gelebt werden. So können auch wir uns in den Leiden freuen, die wir für andere erleiden. Unser Ziel ist die Erscheinung Jesu unter uns. Und Jesus vermittelt uns die Hoffnung der Herrlichkeit Gottes. Epiphanias: In der Erscheinung und Erleuchtung Jesu erleben wir die wahren Werte des Lebens.

Matthäus 17,1-9

Die Verklärung Jesu:

„Jesus nahm mit sich Petrus und Jakobus und Johannes, dessen Bruder, und führte sie allein auf einen hohen Berg. Und er wurde verklärt vor ihnen, und sein Angesicht leuchtete wie die Sonne, und seine Kleider wurden weiß wie das Licht. Und siehe, da erschienen ihnen Mose und Elia; die redeten mit ihm. Petrus aber fing an und sprach zu Jesus: Herr, hier ist gut sein! Willst du, so will ich hier drei Hütten bauen, dir eine, Mose eine und Elia eine. Als er noch so redete, siehe, da überschattete sie eine lichte Wolke. Und siehe, eine Stimme aus der Wolke sprach: Dies ist mein lieber Sohn, an dem ich Wohlgefallen habe; den sollt ihr hören! Als das die Jünger hörten, fielen sie auf ihr Angesicht und erschraken sehr. Jesus aber trat zu ihnen, rührte sie an und sprach: Steht auf und fürchtet euch nicht! Als sie aber ihre Augen aufhoben, sahen sie niemand als Jesus allein. Und als sie vom Berge hinabgingen, gebot ihnen Jesus und sprach: Ihr sollt von dieser Erscheinung niemandem sagen, bis der Menschensohn von den Toten auferstanden ist. "

Man kann die großen Gottesstunden nicht anhalten. Aber sie sind kurze Zwischenblenden, damit es in unserem alltäglichen Leben wieder viel besser weiter geht. Wir suchen ja den Himmel Gottes nicht in weiter Ferne. Sondern Gott schenkt uns Erlebnisse, bei denen der Himmel Gottes unsere Erde berührt. Jesus sagte sogar einmal: *Das Himmelreich ist inwendig in euch!*

Was diese drei Jünger hier erlebten, das war eine große Ausnahme. So etwas ist nur ganz, ganz wenigen Christen beschieden. Dennoch dürfen wir diesen Himmel Gottes in unserem Herzen besitzen und bewahren. Bei den Seligpreisungen heißt es zweimal: *...denn das Himmelreich ist ihr!* So klein wurde Gott, dass er es nicht verschmäht, in unser Herz einzuziehen. Gerade das verändert und prägt uns gewaltig. Mit unserer Jesus Nachfolge erleben wir eine Herzensfreude, Herzensruhe und Herzensstille. Da erleben wir Gottes Zusagen, Herrlichkeit, Seligkeit, Erfüllung und Freude. Das überstrahlt und bestimmt alles in unserem Leben und Wirken.

Wenn jemand glückselig leben will, der braucht sich nur der Botschaft Gottes in der Bibel zu öffnen. Und schon strömt die Fülle Gottes in sein Leben herein und überströmt alles in seinem Leben. Im Johannes Evangelium steht: *Von dessen Leib werden Ströme lebendigen Wassers fließen!* Wenn jemand echten Lebensgenuss erleben will, dem ist nur zu raten, nach dem Vorbild Jesu zu leben, wie es Philipper 2,5 heißt: *Seid so unter euch gesinnt, wie es eurer Gemeinschaft in Jesus Christus entspricht!* Denn da ist eine verborgene Speise vorhanden, die uns alles gibt, was wir zum Leben benötigen. Wenn jemand zur vollkommenen Freude gelangen will, der muss keine Mondfahrt unternehmen, um dies zu erleben. Sondern er darf sein ganzes Leben in „den" Einsatz geben, so wie es ihm von Gott geboten ist. Denn damit kommt göttliche Freude zu uns, weil wir gerade darin für uns selbst ganze Erfüllung erleben, so paradox das auch klingt. Es ist möglich, dass wir uns jeden Augenblick dem Gott öffnen, der ganz nahe zu uns gekommen ist. Auch wenn es dabei noch so armselig zugeht, dürfen wir uns im siebten Himmel wähnen. Das ist unser Geheimnis, das wir als praktizierende Christen haben dürfen. Das verändert und prägt uns gewaltig.

Gott ist ja keine lahme Ente. Weil er unter uns gegenwärtig ist, baut er ständig durch uns sein Reich weiter. Dazu setzt er uns ein. Deshalb überwältigt er uns und wir tragen eine sehr wertvolle Fracht. So geben wir Gott unsere ganze Ehrerbietung. Wir können gar nicht mehr anders, als das auszuführen, was er uns aufgetragen hat.

Gott schenkt uns Erlebnisse, bei denen der Himmel Gottes unsere Erde berührt. 1) Es gibt die Herrlichkeit Jesu. 2) Es gibt unsere echte Ehrfurcht vor Gott. 3) Wir hören auf die Worte und Anweisungen Jesu.

1) Es gibt die Herrlichkeit Jesu. Für uns Christen ist er der wertvolle Diamant unseres Lebens, der Garant für eine herrliche Zukunft. Wenn wir ein wertvolles Kirchenfenster ohne Licht betrachten, dann sieht es sehr schäbig und dreckig

aus. Wenn aber ein Licht hindurch fällt, dann erstrahlt es in einer herrlichen Pracht und Schönheit. So bedenken wir am Ende der Epiphaniaszeit noch einmal in besonderer Weise der Größe und Herrlichkeit Jesu. Dazu schenkt uns Gott die Erleuchtung und Erkenntnis. In Jesus begegnet uns in besonderer Weise das Licht Gottes, das alles in unserem Leben überstrahlt. Da lässt uns Gott Blicke in seine uns normalerweise verborgene Herrlichkeit werfen. Da öffnen sich uns Erfahrungen, um die wir beneidet werden und die uns glückselig machen. Diese Größe umgibt uns ständig, auch wenn wir sie nicht mit unseren Augen wahrnehmen.

Die Faszination Gottes ist die größte, die es gibt. Da kommt keine andere Faszination dagegen an. Sie sind dagegen alle ein Klacks, wertlos. Denn diese währen nur kurze Augenblicke und danach ist der Katzenjammer und die Resignation umso stärker vorhanden; z. B. bei den verschiedenen Arten der Drogen.

Die besonderen Augenblicke der Faszination Gottes sind zwar auch nur von kurzer Dauer, wie hier bei den drei Jüngern. Aber sie bewirken ein glückseliges Empfinden, das anhält und nicht mehr vergeht. Z.B. unsere Bekehrung zu Gott ist solch ein Erlebnis, oder besondere Einkehrzeiten bei Freizeiten udgl. Da werden uns die irdischen Scheuklappen für eine kurze Zeit weggenommen. Da fällt es uns wie Schuppen von den Augen und wir dürfen Blicke in die ewige Herrlichkeit Gottes werfen. Diese kurzen Augenblicke wähnen wir wie für eine Ewigkeit. Da ist wahrhaftig ein Tag wie tausend Jahre.

Das hat dann auf unser ganzes weiteres Leben große, gewaltige Auswirkungen. Da kann kommen, was will, nichts kann uns mehr diese Erlebnisse rauben oder madig machen. Dann ist all das, was mit Gott zu tun hat, das Wertvollste in unserem Leben und steht an erster Stelle. Es ist uns ein großes Herzensanliegen, ihm zu leben und zu dienen, nach seinem Willen zu leben. Und dazu setzen wir alles ein, das uns gegeben ist. Weil uns Gott so reich beschenkt, weil sein Glanz über uns kommt, weil seine Klarheit uns führt und seine Kraft uns stärkt und seine Herrlichkeit uns umgibt, vermissen wir nichts anderes in unseren Leben. Gerade das macht uns lebens- und handlungsfähig.

2) Wir stehen in der echten Ehrfurcht vor Gott. Bei den Jüngern hier zeigt sich das darin, dass sie sehr erschrecken und auf ihr Angesicht fallen. Es war ja auch für sie etwas sehr Außergewöhnliches. Es war ein gewaltiger Einschnitt in ihr Leben. Das mussten sie zuerst einmal in ihrem Leben verarbeiten und bewältigen. Ab jetzt war ihr Verhältnis zu Jesus noch einmal viel intensiver und voller Hochachtung. Sie staunten über die wahre Gestalt und über seinen Einflussbereich. Jetzt nahmen sie die Botschaft Gottes und Jesu noch einmal besser und stärker an. Ihr Erschrecken und aufs Angesicht fallen war ein Zeichen der vollen Ehrerbietung Jesu und Gottes gegenüber.

Solch eine Haltung zeugt niemals von Angst und Verzagtheit, sondern von der echten Ehrfurcht. Da weichen alle Zweifel und das volle Vertrauen zu Gott gewinnt an Einfluss und Gestalt. Wenn wir so etwas erleben, dann nehmen wir unsere Jesus Nachfolge noch ernster und bleiben wir gerne auf den Wegen seiner Führungen und Leitungen. Da verblassen auf einmal alle unsere sonstigen Wehwehchen und Nöte. Da macht es uns nicht mehr so viel aus, wenn uns Menschen auf die Nerven gehen. Da bekommt unser ganzes Leben einen wesentlich besseren Standpunkt und eine bessere Grundlage. Da wissen wir, dass wir gerade von Gott alles erwarten können: seine Antworten auf unsere Fragen, seine Hilfen für unsere Nöten, seine Klärungen und Weiterführungen. Denn Gott gibt uns einen großen Vertrauensvorschuss, daraus sich eine Liebesbeziehung von besonderer Güte und Qualität entwickelt. Da wissen wir, dass uns nichts mehr von ihm scheiden und trennen kann, keine Situation, kein Mensch und keine sonstige Unannehmlichkeit. Da können wir weite Durststrecken durchgehen, ohne dass uns etwas schaden könnte. Da können wir vieles verkraften und aushalten. Letztlich verwandelt Gott unser gesamtes Leben und wir können unseren von Gott zugewiesenen Platz ganz ausfüllen. Wir dürfen voll dabei sein und die Schätze und Reichtümer Gottes genießen.

Längerfristig verhilft unsere Gottesehrfurcht zum Bestehen und zum Gelingen des Lebens. Weil Gott bei uns drinnen ist, geht es in unserem Leben immer in rechter Weise voran und weiter, bis zu unserer Vollendung. In allem Auf und Ab des Lebens sind wir glückselig und doch dem Leben und Einsatz verpflichtet, Das kommt nur, weil wir eine echte Ehrfurcht vor Gott kennen.

3) Wir hören auf die Worte und Anweisungen Jesu. Nach dieser Verklärung Jesu auf dem Berge geht es wieder hinab in die Täler des Alltags. Das galt damals für diese drei Jünger und das gilt auch immer wieder für uns. Die besonderen Erlebnisse mit Gott und Jesus lassen sich nicht festhalten. Dafür können wir keine Hütten und Häuser bauen. Aber wir können solche Erlebnisse in unseren Herzen bewahren.

Was bedeuten nun die Täler des Alltags? Gerade als Christen wissen wir, dass das Leben kein Honiglecken ist. Es gibt viele Gefahren und Abgründe, die es zu meistern gilt. Manche Missstände treten auf und wollen uns vom rechten Weg abhalten. Da bleibt auch uns nichts erspart. Es will eben alles bewältigt sein.

Die Stimme Gottes aus der Wolke sagte: *Dies ist mein lieber Sohn, an dem ich Wohlgefallen habe. Den sollt ihr hören!* Gerade für die Täler unseres Alltags gibt uns Jesu und Gottes Wort hilfreiche Anweisungen und Hilfestellungen. Gerade sein Beispiel und Vorbild zeigt uns, worauf es im Leben ankommt. Es geht nicht um hohe Stellungen und Ämter. Auch auf dem untersten Weg geht es zielstrebig voran und weiter. Es genügt uns das, das wir gerade haben und uns Gott zukommen lässt. Als die Dankbaren lernen wir allezeit und für alle Situationen unseres Lebens aus der Fülle Gottes zu schöpfen. Diese hat kein Ende und kennt keine Krise. Außerdem ist uns alles und jedes vertraut, die guten und die schlechten Zeiten und Seiten des Lebens. Wir können, wie Paulus sagen, Philipper 4,11-13: *... ich habe gelernt, mir genügen zu lassen, wie es mir auch geht. Ich kann niedrig sein und kann hoch sein; ... satt sein und hungern, ... Überfluss haben und Mangel leiden; ich vermag alles durch den, der mich mächtig macht.* Nichts kann uns mehr vom Weg Gottes abbringen und abhalten.

Am besten kann man das mit dem schönen Lied von Franz von Assisi beschreiben, EG 656: *O Herr, mache mich zum Werkzeug deines Friedens, dass ich Liebe übe, wo man sich hasst, dass ich verzeihe, wo man sich beleidigt, dass ich verbinde, wo Streit ist, dass ich Hoffnung erwecke, wo Verzweiflung quält, dass ich ein Licht anzünde, wo die Finsternis regiert, dass ich Freude bringe, wo der Kummer wohnt. Ach Herr, lass du mich trachten, nicht, dass ich getröstet werde, sondern dass ich tröste, nicht dass ich verstanden werde, sondern dass ich verstehe, nicht, dass ich geliebt werde, sondern dass ich liebe; denn wer da hingibt, der empfängt, wer sich selbst vergisst, der findet, wer verzeiht, dem wird verziehen, und wer da stirbt, der erwacht zum ewigen Leben. Amen, Amen, Amen.* Besser kann man es nicht ausdrücken, was es heißt, nach den Worten und Anweisungen Jesu zu leben.

Es gibt auch in unserem Leben die großen Gottesstunden. Da berührt der Himmel Gottes unsere Erde. Gerade das verändert und prägt uns gewaltig. Indem wir uns der Botschaft Gottes öffnen, erleben auch wir eine Glückseligkeit, die alles in unserem Leben überströmt und überstrahlt. Das weckt in uns eine große Ehrfurcht vor Gott. Da bekommen wir eine verborgene Lebensspeise, die uns alles zum Leben gibt. So können wir positiv mitten im Leben stehen und unseren hilfreichen Beitrag leisten.

Johannes 20,1.11-18

„Am ersten Tag der Woche kommt Maria von Magdala früh, als es noch finster war, zum Grab und sieht, dass der Stein vom Grab weg war. Und sie stand draußen vor dem Grab und weinte. Als sie nun weinte, schaute sie in das Grab und sieht zwei Engel in weißen Gewändern sitzen, einen zu den Häupten und den andern zu den Füßen, wo sie den Leichnam Jesu hingelegt hatten. Und die sprachen zu ihr: Frau, was weinst du? Sie spricht zu ihnen: Sie haben meinen Herrn weggenommen, und ich weiß nicht, wo sie ihn hingelegt haben. Und als sie das sagte, wandte sie sich um und sieht Jesus stehen und weiß nicht, dass es Jesus ist. Spricht Jesus zu ihr: Frau, was weinst du? Wen suchst du? Sie meint, es sei der Gärtner, und spricht zu ihm: Herr, hast du ihn weggetragen, so sage mir, wo du ihn hingelegt hast; dann will ich ihn holen. Spricht Jesus zu ihr: Maria! Da wandte sie sich um und spricht zu ihm auf Hebräisch: Rabbuni!, das heißt: Meister! Spricht Jesus zu ihr: Rühre mich nicht an! Denn ich bin noch nicht aufgefahren zum Vater. Geh aber hin zu meinen Brüdern und sage ihnen: Ich fahre auf zu meinem Vater und zu eurem Vater, zu meinem Gott und zu eurem Gott. Maria von Magdala geht und verkündigt den Jüngern: Ich habe den Herrn gesehen, und das hat er zu mir gesagt."

Ich möchte diesen Text einmal mit einer profanen Aussage überschreiben: Happy End durch Ostern! So einfach das auch klingt: Es ist so. Wenn es Ostern nicht gäbe, so sagt es Paulus im Korinther Brief, dann wären wir die Elendsten unter allen Menschen. Aber weil es Ostern gibt, die Auferstehung Jesu, so sind wir die Glücklichsten auf dieser Erde. Und weil das keine materiellen, also sichtbare und greifbare Werte sind, kann jeder Mensch auf dieser Erde zu diesen glücklichsten Menschen gehören, egal ob er reich oder arm, gesund oder krank, jung oder alt ist. Was wir dabei erfahren, sind Glaubensschätze von besonderer Güte und von größtem Wert. Als Christen lassen wir uns diese Werte nicht entgehen. Damit bricht in unserem Leben die Morgenröte der Ewigkeit Gottes an. Es ist etwas mit ewigem Bestand.

Wenn es auch sonst im Leben drunter und drüber geht, so haben wir mit dem Ostergeschehen etwas, das uns das rechte Gleichgewicht vermittelt. Das bewahrt uns in den guten und schönen Zeiten unseres Lebens vor Hochmut. Und das bewahrt uns in den schlechten Zeiten vor dem Untergang, vor Verzagtheit und Resignation. Gerade die Auferstehung Jesu gibt uns in jeder Lebenssituation das rechte Verhalten, die rechte Sicht aller Dinge und den Mut zum Weiterleben.

In unserem Alltag vergessen wir das immer viel zu schnell, dass Jesus vom Vater alle Macht übertragen bekommen hat. Im ersten Kapitel seines Evangeliums betont Johannes; dass Jesus auch an der Schöpfung beteiligt war. So ist der, der alles geschaffen hat, was wir kennen, sehen und anlangen können, bei uns gegenwärtig. Er will uns das Beste, das es gibt, zukommen lassen. Es ist nicht nur das Beste in unserem irdischen Leben, sondern zusätzlich auch das Beste für unser zukünftiges Leben, das Beste für unsere Ewigkeit. An anderer Stelle betont Jesus, dass er uns dort eine Wohnung bereit hält, in die wir einmal einziehen dürfen.

Betrachten wir unser Leben weniger als einen Kampf auf Leben und Tod, sondern viel mehr als ein von Gott anvertrautes Leben. Wir dürfen seine vorgezeichneten Wege gehen. Uns soll nicht das Leben fertig machen. Sondern wir dürfen mit dem Leben fertig werden. Lassen wir uns nicht von Menschen fremd bestimmen, sondern allein von Gott und seiner biblischen Botschaft. Darin ist so viel Leben enthalten, mit dem wir zu unseren Lebzeiten nie ans Ende kommen. Dazu benötigen wir noch unsere ganze Ewigkeit. Aber damit anfangen dürfen wir zu unseren Lebzeiten, je eher, desto besser. Ostern weist uns den Weg dazu. Da wird uns eine Erkenntnis nach der anderen gezeigt. So wissen wir, woher wir kommen, wohin unsere Reise geht und welche Ziele wir ansteuern dürfen. Dann kapieren wir, dass uns Gott in diese Welt gesetzt hat, dass er uns will und liebt, dass er uns ganz bestimmte Aufträge zuteilt, die wir erledigen und ausführen dürfen. Gottes Lebensströme fließen in unser Leben herein. Wir spüren seine große Energie und Kraft. Da gibt es dann buchstäblich ein Stück Himmel in unserem Herzen.

Dieses Happy End durch Ostern beinhaltet dreierlei: 1) Oft erleben wir große Traurigkeit. 2) Jesus bemüht sich um uns. 3) Wir erleben ein Leben, das keinen Tod mehr kennt.

1) Oft erleben wir große Traurigkeit. Am Ostermorgen waren die Jünger und die Frauen, die Jesus näher kannten, restlos am Boden zerstört. Weil Maria Magdala sehr viel mit Jesus erlebt hatte, Jesus befreite sie von sieben Dämonen, so hielt sie sich besonders viel am Grabe Jesu auf. Wenn schon Jesus nicht mehr lebt, so will sie ihm wenigstens am Grabe ihre letzte Ehre erweisen. Und sie war darüber besonders empört, dass jemand den Leichnam Jesu gestohlen hatte.

Der Tod Jesu hatte sie alle besonders tief getroffen. Viele, viele Fragen waren unbeantwortet. Es taten sich viele Unbekannte auf, wo sie nicht wussten, wie das alles einzuordnen ist. Viele Warum- Fragen standen vor ihnen. Warum geschah das alles so? Warum musste Jesus diesen schrecklichen Tod sterben? Warum hat er nicht mit Glanz und Gloria das neue Reich aufgebaut? Warum, warum, warum?

Wir kennen ähnliche Situationen in unserem Leben. Da wird einem der Boden unter den Füßen weggezogen. Da tun sich uns Abgründe über Abgründe auf, die unüberbrückbar erscheinen. Da sehen wir momentan keinen Ausweg, keine Hilfe und kein Licht. Es ist sehr finster um uns. Man kann nur noch dem nachtrauern, was wir bisher erlebten, das aber nicht mehr vorhanden ist. Wenn es nur noch so wie früher wäre, wo noch alles gut war. Da scheint alles hoffnungslos verloren zu sein, was nicht mehr zurück zu holen ist. Dann fragen auch wir uns: Warum, warum, warum?

Man wandert eben an das Grab von dem, das vorher noch lebendig war. Man erinnert sich an die guten Tage, die sehr viel Licht und Hoffnung enthielten. Man hofft, dass alles wieder so wie früher wird. Und doch weiß man, dass dies nicht möglich ist. Das Leben geht weiter. Es bleibt nicht stehen und man kann es noch weniger zurück drehen.

Wir müssen unsere Traurigkeit darüber nicht verstecken. Auch das Weinen gehört zum Leben. Wir dürfen uns zu unseren Tränen bekennen. Wir, die wir nun 2000 Jahre nach Ostern leben, wissen um einen Ort, zu dem wir mit unserer Traurigkeit kommen dürfen. Es ist unsere Flucht zu Gott. Fliehen wir zu ihm, unter seine Fittiche, unter seine Flügel, die uns bedecken wollen. Es gibt eine Nische, in der wir auch in solchen Situationen geborgen und behütet sind. Denken wir z.B. an die Aussagen des 23. Psalms: *Der Herr ist mein Hirte, mir wird nichts mangeln. .... Ob ich schon wanderte im finstern Tal, fürchte ich kein Unglück, denn du bist bei mir, dein Stecken und Stab trösten mich. ....*

Solche schrecklichen Tage gehen wieder vorüber. Die Bibel sagt: *Sie dauern nur 10 Tage. Aber unsere selige Herrlichkeit dauert eine Ewigkeit.* Als Christen wissen und beachten wir das. So sind sogar die schrecklichen Tage nicht mehr schrecklich und wir können sogar solchen Zeiten etwas Positives abringen und abgewinnen. Gott will uns jedenfalls dazu verhelfen. So kann ein Liederdichter singen: ... *Dennoch bleibst du auch im Leide, Jesu, meine Freude.* Wer es fassen kann, der fasse es. So haben auch die Tage unserer Traurigkeit ihren Sinn.

2) Jesus bemüht sich um uns. Der Auferstandene versucht nach seiner Auferstehung 40 Tage lang, den Jüngern und den Frauen nochmals seine Botschaft nahe zu bringen. Sie hatten ja seine Anliegen schon so oft gehört. Auch dass er sterben und auferstehen wird, hatte er ihnen vorher schon des Öfteren erklärt. Aber vor Ostern konnten sie das nicht fassen, weil dies nicht in ihren Kopf ging. Es war einfach zu schwierig.

Nun war der Boden dazu bereitet, dass Jesus das aufbereiten konnte. Und er tat das auf vielfältige Art und Weise und war unermüdlich am Werk. Hier bemühte er sich um diese Maria Magdala. Er benötigt nicht viel. Es genügte sein Erscheinen und das Nennen ihres Namens: Maria! Und da klickt es bei Maria. Da fällt der Groschen, wie man so sagt. Da auf einmal reimt sich vieles zusammen, was vorher so unbegreiflich war. Und danach geschah Ähnliches bei den Jüngern und bei allen anderen Jesus- Nachfolgern der damaligen Zeit.

Gerade auf geistlichem Gebiet gibt es Situationen, die wir momentan einfach nicht kapieren, obwohl wir die Lösung schon so oft gehört hatten. Es will einfach nicht in unseren Kopf. Weil wir es nicht fassen können, wursteln wir uns durchs Leben, mühen und rackern wir uns ab.

Gerade da bemüht sich Jesus sehr um uns. Er sagt nicht, wie es so viele Menschen tun: Friss oder Stirb! Sondern er bringt viel Geduld und Kraft auf, um uns weiter zu helfen und seine lebensfördernde Botschaft zu eröffnen. Gerade in seiner für uns erworbenen Erlösung gibt es Lösungen über Lösungen für unsere Probleme und Nöte, gerade für die leidvollen Situationen unseres Lebens.

Und dann klickt es auch bei uns. Wenn wir den Rat Jesu beachten und befolgen, wird auf einmal alles viel einfacher und glücklicher. Wir erleben, dass der, der das ganze faszinierende Weltall, unsere Erde bis hinein in die kleinsten Elemente geschaffen hat, dass der auch Mittel und Wege hat, um uns zu führen und zu leiten. Da geht uns dann ein Licht nach dem anderen auf. Was sonst mit sieben Siegeln verschlossen ist, das wird uns eröffnet, aufgebrochen und verständlich gemacht. Wir kapieren zwar nie alles. Denn wenn uns einmal eine Frage beantwortet worden ist, dann tun sich uns normalerweise gegengleich 10 neue Fragen auf. Aber wir kapieren das Wesentlichste, dass wir nicht alleine gelassen werden und Jesus bei uns ist, ganz nahe und gewiss. Diese Erkenntnis und Erfahrung kann nicht mit Geld oder Gold erworben werden, sondern nur mit unserem Glauben und Vertrauen zu Jesus Christus.

So dürfen wir vieles kapieren, was vorher so im Dunkeln lag und uns bedrückte. Uns werden die Augen, die Ohren und das Herz für die Anliegen Gottes geöffnet. Es ist wieder echte Lebensfreude vorhanden. Es gibt wieder ein Licht auf unserem weiteren Lebensweg. Die Lebenshoffnung hat wieder Hochkonjunktur und wir gehen voll Mut und Zuversicht in die nächsten Tage, Wochen, Monate und Jahre. Da sind wir bestens beraten und können wieder realitätsnah im Leben stehen. Dafür stehen die Bemühungen Jesu um unser Leben. Aber es geht noch einen Schritt weiter, was ja gerade Ostern bedeutet:

3) Wir erleben ein Leben, das keinen Tod mehr kennt. Jesus sagt hier zu Maria, und das soll sie weiter sagen: *Ich fahre auf zu meinem Vater und zu eurem Vater, zu meinem Gott und zu eurem Gott.* Wohin uns Jesus voraus ging, dorthin dürfen auch wir kommen. Gerade diese Tatsache gibt uns die größte Hoffnung, die es gibt. Gerade das wahre Leben haben wir nicht hoffnungslos verloren, sondern hoffnungsvoll gewonnen. Und weil das so wenige Menschen kapieren, haben wir den Auftrag, dies weiter zu sagen und davon ein Zeugnis abzulegen.

Jesus gibt uns das beste Zeugnis dafür, dass es ein Leben gibt, das keinen Tod mehr kennt. So sind wir Christen durch Ostern die glücklichsten Menschen, die auf dieser Erde herum laufen. Unsere Glaubensväter haben das kapiert und haben deshalb den Sonntag zum Feiertag gemacht. So ist jeder Sonntag für dieses ewige Leben ein Zeugnis. In den Ostkirchen wird gerade zu Ostern der Tod buchstäblich ausgelacht. Sie stimmen ein Ostergelächter an, weil nun der Tod keine katastrophale Macht mehr hat. Jesus hat ihn, zusammen mit Sünde und Teufel, besiegt. Nun darf ewige Freude und Zuversicht die Grundmelodie unseres Lebens sein. Nun kann uns nichts mehr scheiden von der Liebe Gottes, die uns in Jesus Christus eröffnet ist.

Die neu gewonnene Freude, die Maria hier bekommen hat, ist die beste Osterbotschaft. Jeder Christ erlebt diese in seinem ganz persönlichen Leben. Kein Mensch und keine Situation darf uns diese Freude rauben oder nehmen. Was auch kommen mag, diese Lebensfreude ist immer da und bestimmt unser ganzes Verhalten. Jeden Morgen neu dürfen wir damit aufwachen und aus dem Bette kriechen. Da freuen wir uns über jeden neuen Tag, der nun beginnt und über alles, was wir jetzt beginnen und tun dürfen. Da können wir uns sogar über manche Probleme freuen, weil uns Gott benützen will, dass wir diese positiv angehen und bewältigen. Auf alle Fälle dürfen wir uns die Aufgaben zeigen lassen, die Gott von uns haben will. Davon gibt es eine Hülle und Fülle und keiner geht leer aus. Die größte Freude besteht eben darin, dass wir mit unserem Einsatz zusätzlich am Aufbau der Neuschöpfung Gottes beteiligt sind. Das wertet gewaltig unser ganzes Leben auf.

Wohin uns Jesus voraus ging, dort dürfen auch wir einmal ankommen. Denn sein Vater ist auch unser Vater, sein Gott ist auch unser Gott. So darf vieles, das wir erleben, Ewigkeitscharakter tragen. Da bildet sich etwas, was ewigen Bestand hat. Deshalb lohnt sich unsere Jesus- Nachfolge. Da ist nie etwas umsonst gelebt und getan. Das macht unser Leben so wertvoll und gehaltvoll. Denn wir erleben ein Leben, das keinen Tod mehr kennt.

„Happy End durch Ostern". So einfach das auch klingt. Es ist so. Deshalb sind wir Christen die glücklichsten Menschen, die es auf dieser Erde gibt. Was wir dabei erfahren, sind Glaubensschätze von besonderer Güte und von größtem Wert. Diese Werte lassen wir uns nicht entgehen. Damit bricht in unserem Leben die Morgenröte der Ewigkeit Gottes mit ewigem Bestand an. Gerade die Auferstehung Jesu gibt uns in jeder Lebenssituation das rechte Verhalten, die rechte Sicht aller Dinge und den Mut zum Weiterleben. Jesus will uns das Beste, das es gibt, zukommen lassen. Es ist nicht nur das Beste in unserem irdischen Leben, sondern zusätzlich auch das Beste für unser zukünftiges Leben, das Beste für unsere Ewigkeit. Dort hält er für uns eine Wohnung bereit, in die wir einmal einziehen dürfen. Gottes Lebensströme fließen in unser Leben. Wir spüren seine große Energie und Kraft. Da gibt es dann buchstäblich ein Stück Himmel in unserem Herzen. Das ist das Happy End durch Ostern.

Apostelgeschichte 1,3-11

„ Jesus zeigte sich seinen Jüngern nach seinem Leiden durch viele Beweise als der Lebendige und ließ sich sehen unter ihnen vierzig Tage lang und redete mit ihnen vom Reich Gottes. Und als er mit ihnen zusammen war, befahl er ihnen, Jerusalem nicht zu verlassen, sondern zu warten auf die Verheißung des Vaters, die ihr, so sprach er, von mir gehört habt; denn Johannes hat mit Wasser getauft, ihr aber sollt mit dem heiligen Geist getauft werden nicht lange nach diesen Tagen. Die nun zusammengekommen waren, fragten ihn und sprachen: Herr, wirst du in dieser Zeit wieder aufrichten das Reich für Israel? Er sprach aber zu ihnen: Es gebührt euch nicht, Zeit oder Stunde zu wissen, die der Vater in seiner Macht bestimmt hat; aber ***ihr werdet die Kraft des Heiligen Geistes empfangen, der auf euch kommen wird, und werdet meine Zeugen sein*** *in Jerusalem und in ganz Judäa und Samarien und bis an das Ende der Erde. Und als er das gesagt hatte, wurde er zusehends aufgehoben, und eine Wolke nahm ihn auf vor ihren Augen weg. Und als sie ihm nachsahen, wie er gen Himmel fuhr, siehe, da standen bei ihnen zwei Männer in weißen Gewändern. Die sagten: Ihr Männer von Galiläa, was steht ihr da und seht zum Himmel? Dieser Jesus, der von euch weg gen Himmel aufge*nommen wurde, wird so wiederkommen, wie ihr ihn habt gen Himmel fahren sehen. “

Als Christen haben wir eine hoffnungsvolle Zukunft vor uns. Auch die Himmelfahrt Christi, die Thronbesteigung Jesu, ist für uns heute ein sehr wesentliches Geschehen. Denn damit hat Jesus die Möglichkeit, sein Ostergeschehen uns Allen auf dieser Erde, die im Glauben an ihn stehen, zu schenken, zu ermöglichen. Jetzt hat Jesus im Himmel und auf Erden alle Macht, mit der er die Seinen führt und leitet. Vor Himmelfahrt konnte er nur in Israel tätig sein. Nach Himmelfahrt kann er überall zu allen Zeiten tätig sein und wirken.

Mit der Himmelfahrt Jesu haben wir einen offenen Himmel Gottes. Des Himmels Fenster und Türen sind für uns geöffnet. Schon zu unseren Lebzeiten gibt es eine Hinüber und Herüber.

Die Zukunft dieser Welt ist düster, dumpf und oft erschreckend. Viele bekommen deshalb eine berechtigte Angst. Wenn sich da nichts ändert, gibt es viele hoffnungslose Fälle, Menschen. Auch die Bibel sagt, dass es auf dieser Welt nicht besser, sondern eher schlechter wird und am Ende der Untergang steht. Für den einzelnen Menschen ist dieser Untergang mit seinem Tode besiegelt.

Gott dagegen zeigt uns in Bezug auf die Zukunft unseres Lebens einen total anderen Weg. Durch Jesu Werk und Einsatz darf unsere Zukunft hell, freundlich, leuchtend und hoffnungsvoll mit Freude und Seligkeit sein. Und das gilt dann auf ewig. Wer wollte da nicht tauschen?!!

Gehen wir diesen Weg. Er lohnt sich. Lassen wir uns dazu führen, prägen und gestalten. Das zahlt sich aus. Öffnen wir uns dem Wirken des Heiligen Geistes. Er führt uns in alle Wahrheit über uns selbst, über diese Welt und über die Geheimnisse des Reiches Gottes. Dann finden wir auch die von Gott geschenkten und gewirkten Ziele. Dann lohnt sich aller Einsatz unseres Lebens, jeder neue Tag.

Und was das Große an Himmelfahrt ist: Wir spinnen nicht irgendwelche Luftgespinste. Wir träumen und sinnieren nicht. Wie es hier die beiden Engel tun, wird uns der Weg in den Alltag gewiesen, was momentan dran und wichtig ist. Gerade dann gilt das Sprichwort: "Was du heute kannst besorgen, dass verschiebe nicht auf morgen!" Oder biblisch ausgedrückt, Hebräer 3: "Heute, wenn du seine Stimme hören wirst, so verstocke dein Herz nicht!" Nur so haben wir auch eine hoffnungsvolle Zukunft. Dreierlei will uns dieser Text nahe legen: 1) Wir dürfen Zeiten besonderer Gottes Erfahrungen haben, die uns sehr viel bedeuten. 2) Der Heilige Geist schenkt uns die neuen Erkenntnisse vom ewigen Gottes Reich. 3) Als die Boten Gottes bekommen wir die Kunst des rechten Lebens und Wirkens.

1) Wir dürfen Zeiten besonderen Gottes Erfahrungen haben, die uns sehr viel bedeuten. Für die damaligen Jünger waren diese 40 Tage mit Jesus nach Ostern ein Aufatmen nach dem Schock von Karfreitag. Auch wir durchgehen oft kritische Zeiten. Wohl dem, der vorher um die Begegnungen und Erlebnisse mit Jesus weiß. Das bewahrt ihn zwar nicht vor den kritischen Zeiten. Auch für ihn kommen sie. Aber das verhilft ihm zum rechten Durchgehen und Meistern dieser Situationen. Dann ist es unmöglich, dass er nicht mehr weiter weiß. Denn Jesus ist bei ihm und zeigt ihm den Weg, die Antwort, die Lösung, die rechte Bewältigung.

Seit Himmelfahrt ist es Jesus möglich, eine ganz individuelle, persönliche Beziehung zu uns zu knüpfen. Für ihn ist es kein Hindernis, dass wir typ mäßig sehr verschieden sind. Jeder kommt auf seine Rechnung. Jeder gewinnt sehr viel dazu. Oder besser gesagt: Durch eine Neugeburt sind wir die Gewinner des wahren Lebens, der gewaltigen, gewissen Erfüllung unseres Lebens. Das gibt uns die täglich nötigen Hoffnungen für unsere Situationen. Da geht es dann stetig weiter und voran. Keiner bleibt auf der Strecke.

Diese unsere Beziehungen zu Gott über Jesus Christus bereuen wir nie. Dadurch haben wir im täglichen Leben immer einen Halt; hat jeder Tag seinen Sinn und Zweck; gibt es eine Hoffnung für unsere Zukunft. Und darüber knüpfen wir eine Beziehung zur Ewigkeit Gottes. Da ist uns Gott ganz, ganz nahe. Sein Handel und Wirken erleben wir in überwältigender Art und Weise. Wohl dem, der dazu bereit ist, der sich dafür öffnet und auch sein Leben lang offen bleibt. Dann geht Gott seinen Weg mit ihm. Das ist das Amen der Kirche. Dann haben wir auch Zeiten besonderen Gottes Erfahrungen, die uns sehr viel bedeuten.

2) Der Heilige Geist schenkt uns die neuen Erkenntnisse vom ewigen Gottes Reich. Es heißt hier: "Wir werden die Kraft des Heiligen Geistes empfangen!" Dabei ist sehr wesentlich: Der Heilige Geist hat uns! Und nicht: Wir haben den Heiligen Geist! Dieser Heilige Geist ist wahrhaftig vorhanden. Und ge-

rade er hat eine große Umsicht und Weitsicht. Damit führt er uns tatkräftig. Er gibt unserem Leben einen Sinn. Er schenkt uns diese Gottes Beziehung, durch die wir wahre Erfüllung erleben!

Pfingsten verdeutlicht dann die Ausgießung des Heiligen Geistes. Aber möglich ist das erst durch Himmelfahrt geworden. Vor Himmelfahrt bekamen nur Einzelne den Geist Gottes: Propheten, einzelne Könige und besonders Erwählte. Mit Himmelfahrt, der Thronbesteigung Jesu, ermöglichte er, dass alle praktizierenden Christen diesen Geist Gottes erleben können.

Wenn Dr. Martin Luther sagt: "Der Heilige Geist ist wie ein Platzregen, der heute hier und morgen wo anderes niedergeht!" Dann heißt das nicht, dass ich ihn heute erlebe und morgen nicht mehr. Sondern das heißt, dass er mich in ein sehr bewegtes Leben hinein nimmt. Unser oft so statisches Leben bekommt einen dynamischen Ablauf. Wobei aber nicht eine Hetze oder Stress gemeint ist, sondern ein erfülltes, bewegtes und erlebnisreiches Leben und Wirken.

An vielen biblischen Stellen heißt es, dass uns der Heilige Geist einen gewaltigen Vorschuss vom Zukünftigen, vom Ewigen, vom Herrlichen, vom Himmel Gottes und von den Wohnungen Gottes gibt.

Wir Menschen würden ja alle sehr oft auf der Stelle treten. Unsere Ziele, die wir haben, bringen uns außer dem Materiellen nichts ein. Darüber verrennen wir uns sehr oft im Leben und werden dabei an Gott und den Menschen schuldig. Durch unsere Gottes Beziehungen schenkt uns der Heilige Geist die nötige Einsicht und Bewältigung. Er korrigiert uns nicht, um uns zu ärgern, sondern um uns wesentlich weiter zu bringen. Und von uns aus gesehen hat es immer einen Sinn, seine Reden zu befolgen. Was er uns rät und eröffnet, führt uns weiter.

Das Wirken des Heiligen Geistes kann man mit einer Blindenheilung vergleichen. Da werden in rechter Weise unsere Augen, Ohren und das Herz geöffnet, alle Scheuklappen genommen, die Balken aus unseren Augen gezogen. Es sind weniger geistige, sondern geistliche Erkenntnisse gemeint, die er uns schenkt. Damit öffnet er uns die Gaben Gottes, die wir nun mit unseren Gaben und Fähigkeiten einsetzen und vermehren dürfen.

Öffnen wir uns an jedem Morgen seinem Wirken. Damit bekommen wir die Kraft und die Weisheit für den neuen Tag. Der Heilige Geist schenkt uns die neuen Erkenntnisse vom ewigen Gottesreich.

3) Als die Boten Gottes bekommen wir die Kunst des rechten Lebens und Wirkens. Vieles davon ist schon angeklungen. Aber jetzt geht es um die blutige Alltagsrealität unseres Lebens, die aber nicht mehr vom Untergang bestimmt ist, sondern vielmehr vom Aufbau des ewigen Gottes Reiches. Gott und die Christen kennen das höhere Ziel der Vollendung der Neuschöpfung, des Reiches Gottes. Der urewige Gedanke Gottes seit der Schöpfung geht weiter, bis alles erfüllt ist!

Und unsere Urbestimmung ist, ein Ebenbild Gottes sein zu dürfen. Im Neuen Testament wird das an vielen Stellen aufgegriffen: die Neue Kreatur; das göttliche Geschlecht, das Heilige Volk, die königliche Priesterschaft und viele, viele andere Aussagen. Nur das hat in unserem Leben einen Sinn, was diesem Ziel dient.

Dabei ist das aber nichts Hochtrabendes, sondern etwas sehr Reelles und Reales! Denn unsere schönsten Erkenntnisse würden uns nichts helfen, wenn sie uns vom alltäglichen Leben abhalten würden. Deshalb werden diese Jünger hier zu Himmelfahrt von den beiden Engeln angewiesen, nicht gegen den Himmel zu starren, sondern gefälligst wieder heim zu gehen.

Unsere Gottesdienste, Bibelstunden, Hauskreise und Bibelfreizeiten sind natürlich wichtig und nötig. Für die Jünger waren das die 40 Tage, in denen sie mit Jesus zusammen waren. Aber dann gilt es, das dabei Erfahrene und Erlebte im Alltag einzusetzen. Dann gilt es, noch treuer und gewissenhafter seine Arbeit zu tun, die daheim und im Beruf auf uns wartet. Wir starren nicht in eine unerreichbare Zukunft, sondern wir sind für die alltäglichen Belange unseres Lebens sehr aktiv und zuverlässig. Was helfen uns die größten geistlichen Erkenntnisse, wenn darunter das tägliche Leben vernachlässigt wird? Dann sind wir nicht besser wie "die" Menschen, die größte wissenschaftliche Erkenntnisse und technische Errungenschaften haben, aber das Zusammenleben immer mehr im Argen liegt. Gott will das nicht. Da ist er sehr penibel, genau. Er will ja keine Abgeschobenen, Nichtstuern, Ausgebeuteten oder wie man sie noch bezeichnen möchte. Gerade er will, dass jedem geholfen wird und zur Geltung kommt.

Und doch darf darüber die Ewigkeit Gottes zum Leuchten kommen, seine Neuschöpfung entstehen. So wie Kinderaugen leuchten können, dasselbe will Gott jedem Menschen schenken, egal in welcher Lage er steht und sich befindet. Und dieses Leuchten kann uns nur Gott schenken.

Worin besteht die wahre Kunst des rechten Lebens und Wirkens? Weil wir unsere Seligkeit niemand vererben können, ist unser gelebtes Zeugnis sehr wesentlich. Dadurch wird unser Nächster angesprochen und ermutigt, sich ebenfalls mit seinem ganzen Leben Gott anzubefehlen. Das ist die beste Erziehung, die es gibt. Daraus entwickelt sich ein praktizierender Christ, der mittels einer Neugeburt sich zum vollen Lebensalter entwickelt. So bekommen wir als die Boten Gottes die Kunst des rechten Lebens und Wirkens!

Gerade als Christen haben wir eine hoffnungsvolle Zukunft vor uns. Die Himmelfahrt Christi, die Thronbesteigung Jesu, ermöglicht ihm, uns allen heute zu begegnen. Er kennt die Grenzen, die wir noch haben, nicht mehr. Wir bekommen durch den Heiligen Geist seine Macht zu spüren, die er im Himmel und auf Erden besitzt. Damit führt und leitet er uns auch durch die nächsten Tage und Zeiten.

Johannes 4,19-26

„Die Frau spricht zu ihm: Herr, ich sehe, dass du ein Prophet bist. Unsere Väter haben auf diesem Berge angebetet, und ihr sagt, in Jerusalem sei die Stätte, wo man anbeten soll. Jesus spricht zu ihr: Glaube mir, Frau, es kommt die Zeit, dass ihr weder auf diesem Berge noch in Jerusalem den Vater anbeten werdet. Ihr wisst nicht, was ihr anbetet; wir wissen aber, was wir anbeten; denn das Heil kommt von den Juden. Aber es kommt die Zeit und ist schon jetzt, in der die wahren Anbeter den Vater anbeten werden im Geist und in der Wahrheit; denn auch der Vater will solche Anbeter haben. Gott ist Geist, und die ihn anbeten, die müssen ihn im Geist und in der Wahrheit anbeten. Spricht die Frau zu ihm: Ich weiß, dass der Messias kommt, der da Christus heißt. Wenn dieser kommt, wird er uns alles verkündigen. Jesus spricht zu ihr: Ich bin's, der mit dir redet."

„Wer wagt, gewinnt!" Das gilt nicht nur fürs allgemeine Leben, sondern auch fürs geistliche Leben. Das gilt auf der einen Seite für den, der die ersten Glaubensschritte wagt. Er gewinnt damit das wahre Leben. Und das gilt auf der anderen Seite für den, der das Zeugnis vom Glauben bringt. Er gewinnt Menschen für Jesus Christus. Durch unsere Entscheidung für Jesus Christus sind wir immer die Gewinner und nie die Verlierer des Lebens. Bei den Gewinnspielen wie Lotto udgl. gewinnen immer nur wenige und die anderen zahlen die Zeche. Bei Gott gewinnt jeder, der sich auf ihn verlässt, das reichhaltige Leben. Jesus Christus hat dafür die Zeche bezahlt. Wer das einmal kapiert hat, der will es nicht mehr vermissen.

Diese Frau hier am Jakobsbrunnen war ein ganz schönes Luder. Fünf Männer hatte sie schon und ihr jetziger war gar nicht ihr Mann. Ihr Jagen nach Erfüllung wurde nicht erfüllt. Das ist zu allen Zeiten eine Tragödie. Es muss eine Sensation die andere ablösen. Es muss immer Neues her. Da dreht sich das Karussell des Lebens in rasender Geschwindigkeit, sodass einem davon ganz schwindelig wird. So ist die Abwechslung das Motiv des Lebens. Und doch ist man mit nichts zufrieden. Man kommt sich dabei vor, als ob man auf der Stelle tritt, sich im Kreis dreht und man doch nicht weiter kommt. Man kann unternehmen, was man will. Es kommt einfach keine Erfüllung, kein Friede ins Herz.

Trotz allem geht das Leben weiter. Die Frau holt sich Wasser vom Brunnen. Und doch stößt sie unverhofft und unerwartet auf Jesus. Es entwickelt sich ein Gespräch. Beide, Jesus und die Frau wagen die eigentlichen Nöte und Fragen anzusprechen. Ich denke, solche Begebenheiten gibt es bei jedem Menschen. Irgendwann stellen sich die Fragen nach dem Sinn des eigentlichen Lebens. Wo finden wir das wahre Leben, die wahre Erfüllung? Wem sollen wir die Ehre geben? Wer hat den echten Trip anzubieten? Wo steckt der Clou des Lebens? Damals stand Garizim oder Jerusalem zur Debatte. Heute sind es die verschiedensten Gruppen und Richtungen innerhalb der Konfessionen; aber auch die Sekten, die Gurus, die Religionen. Sehr viele Angebote gibt es auf diesem Gebiet. Welches Angebot ist das richtige?

Dieser Abschnitt des Predigttextes konzentriert sich auf die Aussage Jesu: *Gott ist Geist, und die ihn anbeten, die müssen ihn im Geist und in der Wahrheit anbeten!* 1) Wahrheit; 2) Geist; 3) wahres Leben.

1) „Wahrheit!“ In der Wahrheit Gott anbeten! Manche sind da wahre Streithengste, wenn es um die Wahrheit geht: Garizim oder Jerusalem! Evangelisch oder Katholisch! Die eine oder die andere Glaubensrichtung! Jesus sagt nicht, dass das falsch ist. Es darf jeder herausfinden, was die Wahrheit ist und wo für ihn die Wahrheit zu finden ist. Auch Jesus wurde in viele Streitfragen verwickelt. Aber er nützte diese immer, um die Wahrheit aufzuzeigen, nie um Streitigkeiten anzustiften. Die einzig rühmliche Ausnahme, wo wir einen rabiaten Jesus erleben, war die Tempelaustreibung. Obwohl das eine äußere Tat war, soll dies mehr eine innere Tat sein. Rein äußerlich sind danach die Händler wie-

der eingezogen. Aber rein innerlich kapiert jeder Christ, dass bei ihm eine innere Reinigung stattfinden darf, wenn es um die wahre Anbetung Gottes geht.

Es geht um das persönliche Annehmen der göttlichen Wahrheit. Ganz allgemein gesehen ist die Wahrheitsfrage immer sehr aktuell und wird doch sehr missbraucht. Bei den Politikern wird man da sehr enttäuscht, sodass sogar ein Pilatus resigniert sagt: *„Ach, was ist Wahrheit?"* Bei allen Werbungen werden nur die Vorteile der Wahrheit angepriesen. Und auch diese erfüllen sich oft nicht. Die vielen Nachteile werden natürlich verschwiegen. Gott dagegen sagt uns die ganze Wahrheit, die uns ganz schön hart treffen kann. Aber er sagt sie uns nicht, um uns zu verurteilen, sondern um uns zu helfen. Durch die Vergebung und Erlösung wird uns da gewaltig geholfen. Es ist für uns sehr heilsam und von großem Vorteil, wenn wir darauf hören und es annehmen. Damit erleben wir die große Liebe Gottes; denn seine Wahrheit macht uns frei zum wahren Leben, zur Anbetung Gottes.

So geht es bei dieser Wahrheit nicht, um Streit anzuzetteln. Auch geht es nicht darum, den anderen abzukanzeln. Sondern es geht einzig und allein darum, selbst die Wahrheit Gottes anzunehmen und auszuleben. Und diese Wahrheit hat immer etwas mit der Liebe zu tun. Beide gehören zusammen. Die Liebe verhilft uns dabei, dass wir nicht das Schwert nehmen, sondern dass wir die Weisheit haben, in den Angelegenheiten der Wahrheit immer die rechten Worte zu finden. Dann können wir nicht mehr lügen, auch keine Notlügen gebrauchen. Sondern Gott schenkt uns die innere Festigkeit und Vollmacht, sogar bei heißen Streitigkeiten ruhig zu bleiben und die rechten Worte zu haben.

2) „Geist!" Im Geist Gott anbeten. Gott anbeten, ihm die Ehre geben, ist nicht etwas Geistloses, Simples und Einfaches, sondern etwas Geistvolles, Zuchtvolles und Erhebendes. Dahinter steht das erste Gebot: *Ich bin der Herr, dein Gott! Du sollst nicht andere Götter haben neben mir! Was ist das? Wir sollen Gott über alle Dinge fürchten, lieben und vertrauen!* Bei unserer Taufe und

Konfirmation bietet uns nicht nur Gott das wahre Leben an. Sondern auch wir haben uns da Gott angelobt und anbefohlen. Gleichzeitig haben wir uns von der Macht der Sünde abgesagt, losgesagt. Der dabei nötige „Geist“ hat nun nichts mit unserem Intellekt zu tun, mit unserem Intellekt Quotienten. Sondern hier ist unsere innerste Überzeugung angesprochen, die allein durch das Wirken des Heiligen Geistes geschieht, gewirkt wird, sich entwickelt.

Viele verstehen ja die Gebote Gottes falsch. Sie sehen darin nur Forderungen. Deshalb versuchen sie, sich davor zu drücken oder die Gebote umzuschreiben. Für mich ist das beste Verständnis für die Gebote: die Heilungen Jesu. Da spricht er zu einem Kranken: „Du **sollst** gesund werden!“ Und damit macht er ihn frei von der Krankheit. So legt Jesus auch seine Hände auf uns und spricht: „Du **sollst** nicht andere Götter haben neben mir!“ Er macht uns frei davon, dass wir anderen Götter dienen müssen. Das gilt nun für jedes Gebot. Er macht uns frei davon, sodass wir nicht mehr fluchen, schwören, zaubern oder lügen müssen. Dann ist das letztlich keine Forderung mehr, sondern ein vom Geist Gottes geschenktes und gewirktes Verhalten.

Das können wir nun auf alle unsere Lebensgebiete, Lebensfragen und Situationen übertragen. In dieser Haltung ist dann auch nichts mehr zu spüren von Brutalität, Protest, Kritik, Hochmut oder auch Resignation. Sondern in dieser Haltung entwickelt sich ein starkes Vertrauen in die Führung Gottes. Von ihm erwarten wir alles und gleichzeitig befehlen wir ihm alles an. Da entwickelt sich ein starkes Liebesvertrauen zu unserem Gott. Da wissen wir, dass er uns führt und leitet. Ihm öffnen wir unser gesamtes Leben. Das ist damit gemeint, wenn wir Gott im Geist anbeten. Wir kapieren all das, das er uns schenkt und was er von uns haben will.

3) Wahres Leben! V23f+26: *Es kommt die Zeit und ist schon jetzt, in der die wahren Anbeter den Vater anbeten werden im Geist und in der Wahrheit; denn auch der Vater will solche Anbeter haben. Gott ist Geist, und die ihn anbe-*

ten, die müssen ihn im Geist und in der Wahrheit anbeten. Ich bin der Christus, ich, der mit dir redet. So hat unsere Entscheidung für Jesus Christus etwas mit der Erfüllung des wahren Lebens zu tun. Das ist auch das übergeordnete Thema der ganzen Bibel, vor allem des Neuen Testamentes. Überall, wo Jesus auftritt, entscheiden sich die Menschen. Und Jesus geht es darum, dass sich die Menschen zu Gott bekehren. Damals war es diese Frau und danach noch viele andere aus der Gegend. In der ganzen Kirchengeschichte gab es ein großes Auf und Ab. Heute bekehren sich im christlichen Abendland nur noch wenige. Aber in vielen anderen Ländern sind es sehr viele.

Pfingsten war damals die Geburtsstunde der Gemeinde Jesu Christi; die Geburtsstunde des weltweiten Wirkens Jesu durch den Heiligen Geist. Was er schafft und auch zur Vollendung bringen wird, bezeichnen wir mit der Heilsgeschichte Gottes oder der Neuschöpfung Gottes. Darauf war damals das ganze Wirken Jesu ausgerichtet. Und darauf ist auch heute Jesus in der praktizierenden Gemeinde tätig.

So gehört zur Anbetung Gottes dazu, dass wir zuerst einmal Gott die Ehre geben in unseren Gottesdiensten, in den Hauskreisen und bei den Bibelfreizeiten. Da bekommen wir dann die vom Geist Gottes bewirkten Impulse für unseren Alltag, für unsere Familie, für unseren Beruf, für alle unsere Begegnungen mit Menschen und für alle unsere Aufgaben. Das ist etwas Umfassendes, Durchwirkendes und Übergeordnetes, das uns gerade für die täglich kleinen Anliegen unseres Lebens sehr viel bedeutet, uns hilft, uns weiterhilft, uns die richtigen Anweisungen, Antworten und Alternativen zeigt.

Wer sich für Christus entscheidet; d.h. wer im Geist und Wahrheit Gott anbetet, da kommt Gottes Berufung, Erwählung und Bestimmung zum Tragen. Jeder weiß dann, wozu er von Gott berufen worden ist. Da bläst der Geist Gottes in das Leben eines Menschen und bringt die Glut, die zuerst tief verborgen war, zum Brennen. Und daraus erwächst eine sehr bewegte Geschichte Gottes mit uns. Da ödet uns das Leben nicht mehr an. Das gibt uns die nötige Liebe und

Kraft zur Bewältigung all der anstehenden und von uns verlangten Aufgaben. Da wissen wir, was wir zu tun und zu lassen haben. Da reihen sich die Wunder Gottes aneinander. Und das nennt man dann ein wahrhaft erfülltes Leben und Wirken. Da wird die engste Hütte zum Raum Gottes und die kleinste Tat zum sinnvollen Auftrag Gottes.

Wahres Leben! Danach sehnt sich jeder. Viele suchen es an der falschen Stelle. Garizim – Jerusalem. Jesus sagt: *Ich bin der Christus, ich, der mit dir redet.* Und das sagt er auch heute zu jedem, der ihm begegnet. Offenbarung 3,20: *Siehe, ich stehe vor der Tür und klopfe an. Wenn jemand meine Stimme hören und die Tür auftun wird, zu dem werde ich hinein gehen und das Abendmahl mit ihm halten und er mit mir.*

Aus unseren Lebensfragen entstehen Glaubensfragen. Wer wagt, gewinnt! Da wird all unser Jagen nach Erfüllung erfüllt, wenn wir diesen Glauben an Jesus Christus wagen. Damit sind wir die Gewinner und nie die Verlierer des Lebens. Nur auf diesem Weg finden wir die Wahrheit und können ein vom Geist Gottes geführtes Leben führen. Da lohnen sich der heutige Tag, diese ganze Woche und das weitere Leben.

Offenbarung 21,1-7

Vor vielen Jahren sagte bei der Eröffnung der Salzburger Festspiele (1972) der französische Dramatiker Eugène Ionesco Folgendes: *"Unsere Kultur ist ein Kartenhaus, in dem alles fraglich geworden ist! Ich glaube, es gibt keinen Ausweg. Die Millionen Produkte, die Meer, Himmel und Erde verseuchen, sind so zahllos, werden sich weiter vervielfachen und alles vernichten.... Und noch mehr als die unserer Kontrolle entgleitende Technik, wird uns die Summe unserer zügellos gewordenen Begierden zur explosionsartigen Katastrophe führen und Angst, Ekel, Trauer und Schrecken verbreiten."*

Predigttext: *„ Ich sah einen neuen Himmel und eine neue Erde; denn der erste Himmel und die erste Erde sind vergangen, und das Meer ist nicht mehr. Und ich sah die heilige Stadt, das neue Jerusalem, von Gott aus dem Himmel herabkommen, bereitet wie eine geschmückte Braut für ihren Mann. Und ich hörte eine große Stimme von dem Thron her, die sprach: Siehe da, die Hütte Gottes bei den Menschen! Und er wird bei ihnen wohnen, und sie werden sein Volk sein, und er selbst, Gott mit ihnen, wird ihr Gott sein; und Gott wird abwischen alle Tränen von ihren Augen, und der Tod wird nicht mehr sein, noch Leid noch Geschrei noch Schmerz wird mehr sein; denn das Erste ist vergangen. Und der auf dem Thron saß, sprach: Siehe, ich mache alles neu! Und er spricht: Schreibe, denn diese Worte sind wahrhaftig und gewiss! Und er sprach zu mir: Es ist geschehen. Ich bin das A und das O, der Anfang und das Ende. Ich will dem Durstigen geben von der Quelle des lebendigen Wassers umsonst. Wer überwindet,* der wird es alles ererben, und ich werde sein Gott sein, und er wird mein Sohn sein. “

Beides ist wahr. Das was Eugène Ionesco sagte. Auch die Bibel nennt dies an manchen Stellen. Und auch das ist wahr, was Johannes in seiner Offenbarung sagt!

Wie sieht unsere Zukunft aus? Haben wir inmitten der harten Wirklichkeit dieser Welt eine Hoffnung, einen inneren Halt und Trost? Denn nur der, der eine Hoffnung hat, kann positiv im Leben stehen. Gerade von der Psychologie und auch der Medizin wissen wir, dass der Mensch eine innere Kraft und Stärke braucht. Wenn er diese besitzt, dann kann kommen, was mag. Nichts wirft ihn aus der Bahn. Und sehr viele Menschen sind heute auf der Suche nach dieser inneren Kraft und Stärke. Als Christen wissen wir um die richtige Stelle, an der wir das finden. Gerade Gott schenkt uns in Jesus Christus das Heil, die Rettung und unsere gesicherte Zukunft. Was bei der ersten Schöpfung schief gelaufen ist, das kommt in der sog. Neuschöpfung zum Ziel, zur Vollkommenheit und Vollendung. Und wer sein Leben für diesen Gott öffnet, der darf mitten dabei seien. Er gehört zu den glücklichsten Menschen auf der Erde.

Diese Neuschöpfung hat nichts mehr mit naturwissenschaftlichen Begebenheiten zu tun, sondern es sind geistliche Erlebnisse, die die praktizierenden Christen erleben. Dafür nennt die Bibel viele Fakten, bei denen es um die gesamte Erneuerung unseres Lebens geht. Diese beginnt mit der sog. Neugeburt/Wiedergeburt und endet, vollendet sich mit unserem Tod, dem Jüngsten Tag.

Unser Predigttext nennt dazu drei Erlebnisse, die schon zu unseren Lebzeiten geschehen und in der Ewigkeit vollkommen sind: 1) Die Bewegung Gottes geht von oben nach unten. Nicht wir gehen zu Gott, sondern er kommt zu uns. 2) Gott wischt alle Tränen ab. Wir erleben den vollkommenen Trost Gottes. 3) „Siehe, Gott macht alles neu!“ Das ist die größtmögliche Faszination, die Menschen erleben können.

1) Die Bewegung Gottes geht von oben nach unten. Nicht wir gehen zu Gott, sondern er kommt zu uns. Wir Menschen streben von unten nach oben.

Das gehört zu unserem Menschsein dazu. Das gilt in Bezug auf Schule, Beruf, Besitz, Familie, Gesellschaftsordnung, Politik, Wissenschaft und Wirtschaft. Aber dabei machen wir die Erfahrung, dass sehr viel falsch gemacht wird. Wie Eugène Ionesco kommen wir zu sehr niederschmetternden Erlebnissen und Ergebnissen.

Wohl dem, der begriffen hat, dass es auch die Bewegung Gottes gibt, die eben von oben nach unten geht. Hier ist die heilige Stadt, das Neue Jerusalem genannt, die aus dem Himmel zu uns herab kommt. Damit wir dies ja nicht mit unseren Städten mit ihren Slums und Hinterhöfen vergleichen, wird erwähnt, dass sie wie eine geschmückte Braut für ihren Mann ist. Es ist ein gebräuchliches biblisches Bild, dass die Gemeinde im Ganzen die Braut Jesu Christi ist.

Bildlich gesagt strecken wir Christen uns nicht nach oben, sondern wir öffnen uns für das, das von oben zu uns nach unten kommt. Das ist eine ganz wesentliche Sicht in unserem Christenleben. Denn viele meinen, man müsste sehr vieles tun und leisten, um zu Gott kommen oder um ihn erleben zu können. Das ist Humbuck! Gott kommt in Jesus Christus durch den Heiligen Geist zu uns herab, in unser Leben herein. Zu Advent singen wir: *„Machet die Tore weit und die Türen in der Welt hoch, dass der König der Ehren einziehe!“* Oder in Offenbarungen 3,20 steht: *„Siehe, ich stehe vor der Tür und klopfte an. Wer meine Stimme hören wird und die Tür auftun, zu dem werde ich hineingehen und das Abendmahl mit ihm halten und er mit mir!!!“*

Ich sage gerne: wir wissen so viel von Gott. Wenn wir das alles für wahr halten und beachten, dann können wir nur überwältigende Erlebnisse mit Gott haben. Leider bleiben viele bei den guten Vorsätzen und haben manche Ausreden. Gott kommt mit seinem Himmel zu uns. Dazu genügt unser einfältiger Glaube. Dann lässt sich Gottes nicht lumpen. Dann erleben wir seine große Fülle. Dann ist er für uns immer der Größere, der Klügere, der Mächtigere und der Neuschaffende. Die Bewegung Gottes geht von oben nach unten.

2) Gott wischt alle Tränen ab. Wir erleben den vollkommenen Trost Gottes. Das Verhältnis Gottes zu uns kann man am besten mit einer Mutter zum Kind vergleichen. Wenn er unser Leid sieht, dann zählt nur seine Barmherzigkeit. Er ist immer auf dem Sprung, um uns zu helfen und beizustehen. Das ist auch der Grund dafür, dass Jesus zu seinen Lebzeiten so vielen Menschen geholfen hatte. Dazu war seine Botschaft klar und eindeutig.

So dürfen wir uns bei allem, das uns bewegt, vor Gott öffnen. Er kommt zu uns. Er weiß immer um einen Rat, eine Antwort und Hilfe. Und wenn es einmal ein einer Stelle nicht weiter geht, dann zeigt er uns eine noch bessere Alternative. Er ist nie verlegen oder unschlüssig. Noch weniger kennt er eine Energiekrise oder -knappheit. Er hat immer die Fülle für uns bereit. Nie teilt er Trostpflaster aus, sondern seine Weisungen sind sehr sinnvoll und helfen uns in der momentanen Situation. Gerade er führt uns einen zielsicheren Weg, auch wenn dieser schmal, steil und steinig ist.

Wenn Gott uns allezeit seinen Trost spendet, dann heißt das auch, dass zu unseren Lebzeiten ständig heiße Situationen kommen. Schon zu Noah sagte Gott: *„Solange die Erde steht, hört nicht auf Saat und Ernte, Frost und Hitze, Sommer und Winter, Tag und Nacht. Und das Dichten und Trachten des menschlichen Herzens ist böse von Jugend auf. Aber ich will hinfort die Erde nicht verfluchen um des Menschen willen!"* Das heißt doch, dass er uns seinen Segen gibt; die Fülle seiner Segensgaben.

Es ist ein wesentlicher Schritt, wenn ein Mensch erkennt, dass er die Erlösung Jesu nötig hat. Denn sehr viele meinen, dass sie sehr gute Menschen sind. Nur denen kann Gott helfen, die ihre Gottesferne, die Trennung von Gott, und das ist unsere Ursünde, erkennen! Um zwei Extreme zu nennen, ist es egal, ob einer der Bundespräsident oder ein Mörder ist. Beide, Alle, benötigen die Erlösung, die Jesus für uns erworben hat. Dann wischt Gott die Tränen ab, dann greift der vollkommene Trost Gottes. Endgültig geschieht dies am Jüngsten Tag, der für uns am Todestag kommt.

3) *"Siehe, Gott macht alles neu!"* Das ist die größtmögliche Faszination, die Menschen erleben können. *"Wer überwindet, der wird es alles ererben, und ich werde sein Gott sein und er wird mein Sohn sein!"* Während der Teufel, der Böse, das Böse uns "verführt", uns Anfechtungen und Versuchungen schickt und uns zum Bösen leitet. So "führt" uns Gott in bester Weise durchs Leben, wenn wir überwinden.

Am Anfang der Offenbarungen stehen die sieben Sendschreiben. Sie stellen die Botschaft Gottes für jede Art des Christseins dar. Diese alle schließen mit der Bestätigung: Wer überwindet, für den trifft das alles zu; für den gilt das; der erlebt den Wahrheitsgehalt der Zusagen Gottes. Was ist solche Überwindung? Wenn uns etwas Böses lockt, dann überwinden wir es mit Gutem. Wenn uns Gehässigkeiten gegenübertreten, überwinden wir es mit Liebestaten. Wenn Streit aufkommt, dann schlagen wir nicht zurück. Alle Teufelskreise überwinden wir mit den Gotteskreisen.

Die Sendschreiben nennen folgende Ergebnisse: a) Wer überwindet, dem will ich zu essen geben von dem Baum des Lebens, der im Paradies Gottes ist. Damit ist das ewige Leben gemeint. b) Wer überwindet, dem soll kein Leid geschehen von dem zweiten Tod. Damit ist das Jüngste Gericht gemeint. c) Wer überwindet, dem will ich geben von dem verborgenen Manna.... Und will ihm geben einen neuen Namen.... Neugeburt.... d) Wer überwindet, dem will ich Macht geben über die Heiden...., der sitzt mit auf dem Richterstuhl.... e) Wer überwindet, der soll mit weißen Kleidern angetan werden und sein Name steht im Buch des Lebens. D. h. wir sind Gottes Kinder, Eigentum, als Ganzes: die Braut Jesu. f) Wer überwindet, den will ich zum Pfeiler in den Tempel meines Gottes im Neuen Jerusalem machen. Damit ist die ganze Herrlichkeit, Haltbarkeit und Festigkeit angesprochen. g) Wer überwindet, dem will ich geben, mit mir auf meinem Thron zu sitzen. Wir dürfen mit regieren. So könnten wir mit vielen anderen Beispielen der Schrift fortfahren.

"Siehe, ich mache alles neu!" Dieses Neue, das Gott schafft, gibt uns Hoffnung für jede Situation unseres Lebens. Auch in der schrecklichsten Phase gibt es die Chance Gottes, ein Ziel vor unseren Augen. Mitten in der Nacht können wir Loblieder singen, wie Paulus und Silas im Gefängnis. Weil es auf dieser Erde so viele Märtyrer gibt, kann der Mensch, der um seines Glaubens willen verfolgt und gequält wird, ein leuchtendes Angesicht haben, wie Stephanus bei seiner Steinigung. Auch diese Reihe könnten wir fortfahren.

"Siehe, ich mache alles neu!" Durch die erfahrene Neugeburt, entwickelt sich ein Leben, das sich lohnt, gelebt zu werden. Wir haben damit die lohnendste Zukunft vor uns und können uns am besten allen täglichen Aufgaben widmen. Denn wir müssen uns nicht nach oben strecken, sondern das Neue kommt zu uns nach unten! Damit erleben wir die größtmögliche Faszination.

Auch wir Christen sehen die schrecklichsten Ergebnisse des sog. Fortschrittes, wie es Eugène Ionesco ausgedrückt hatte. Denn auch die Bibel weist darauf hin. Aber die Bibel tut das auf dem Hintergrund der Neuschöpfung Gottes. Während auf der Erde alles vergeht, ist Gottes im Kommen und sein Reich im Werden. Und was er schafft, das bleibt und vergeht nicht mehr. Darin schließt er uns Christen mit ein. Er macht alles neu! Das ist gewisslich wahr!

Steckbrief

Georg Angelos Ruf

Bruder Georg Angelos Ruf, geboren 1942, ist in einer Pfarrfamilie zusammen mit sieben Geschwistern aufgewachsen.

Sein Berufswunsch war Maschinenbau Diplomingenieur auf dem damaligen zweiten Ausbildungsweg.

Während der Lehre als Werkzeugmacher bekam er mit 19 Jahren von Gott einen eindeutigen Ruf als Diakon zum vollzeitlichen Dienst in der Christusbruderschaft. (www.christusbruderschaft-falkenstein.de).

Sehr viel ist er als Technischer Hausverwalter tätig. Dafür absolvierte er etliche Zusatzausbildungen (staatlich geprüfter Kesselwärter; Sicherheitsfachkraft u.a.). Über etliche Jahrzehnte war er verantwortlich für die Jugendlichen, die als Zivildienstleistende und Helfer des Freiwilligen Sozialen Jahres mitarbeiteten. Zusätzlich hielt er als Katechet Religionsunterricht in den Grund- und Mittelschulen. Als Prädikant der evangelisch lutherischen Kirche ist er fast jeden Sonntag zu Gottesdiensten eingesetzt. Diese gehaltenen Predigten veröffentlicht er in seiner persönlichen Homepage (www.georg-angelos.de).

Als Glied des Ordenshauses und als Leiter eines Hauskreises vor Ort ist ihm nichts lieber, als Menschen in ihrem Glauben an Jesus Christus zu stärken und weiter zu führen. Dazu hält er auch besinnliche Bibel-Freizeiten und Wochenenden.

Printed by Books on Demand GmbH, Norderstedt / Germany